OCCASIONS

おもてなし

心からのおもてなしがお客さまを
幸せにする

作者不詳

優雅に、ときに大胆に

OCCASIONS

おもてなし

BY

Kate Spade

edited by Ruth Peltason and Julia Leach

illustrations by Virginia Johnson

HAVE YOU EVER WONDERED...?

こんなとき、どうしたら……？

うれしい！　大好きな叔母さまに
お酒用のカラフルなグラスを１セットもらったの。
でも、ひとつ問題があって……
いったいどのグラスをどのお酒に使えばよいのかしら？

あなたがふつうに合うと思うものを選べば、たいていうまくいきます。昔のグラスのセットのよさは、年月が経っても変わるものではありません。それがどのような種類のものでも、手持ちの現代的なグラスともきれいにマッチする普遍的な美しさがあるのです。

初めて本格的なカクテルパーティーを開きます。
お酒をいっぱい用意したいのだけど、何をどのくらい買えばよいでしょう？

初めてなら、いろいろな種類のものを少しずつ用意するとよいでしょう。ジン、ウオッカ、スコッチ、ウイスキー、ラム、テキーラは必須ですし、それらに加えるローズ社のライムジュース、トマトジュース、トニックウォーター、炭酸水、レモンやライムも必要です。

お呼ばれしたお宅に花をさしあげるのってとっても素敵。
でも、前もって届けたほうがよいのかしら？
それとも、当日、自分で花束を持っていったほうがよいですか？

あらかじめ花を送るのは、古臭いとか、ちょっとフォーマルすぎるなどと思うかもしれないけれど、招いてくれる人の立場を思いやったとてもよい考えだと思います。その方法であれば、女主人（ホステス）は、あなた方が到着したもっともあわただしい時間に、いただいた花を飾る忙しさを省くことができますから。

HAVE YOU EVER WONDERED...?

こんなとき、どうしたら……？

食物アレルギーがあるのですが、
皆の注目を集めてパーティーの雰囲気を壊したりしたくありません。
でも、ナッツアレルギーがあるのに、着席式のディナーで
ピーカンナッツをまぶしたサーモンのオーブン焼きが出てしまって……
こんなとき、いったいどうすればよいのでしょうか？

解決策は2通り考えられます。ナッツを取り除けば不安を感じずに食べられるのなら、できるだけ優雅にそうしてください。でも、もしそれができないなら、お呼ばれだからって堅苦しく考えないで、食べられないことを女主人に伝えましょう。きっとなんとかしてくれますよ。彼女もあなたにくしゃみやじんましんで苦しんでほしくはないはずです。

私はあまり飲めないけれど、友人たちは皆、大のお酒好き。
今度のカクテルパーティーではどんな飲みものを頼めば、
場の雰囲気を崩さずにすむかしら？

夏ならグレープフルーツジュースとクランベリージュースを合わせたバージン・シー・ブリーズ。季節を問わずおすすめなのはトマトジュースにタバスコや香辛料を入れたバージン・ブラッディ・マリー。タバスコは多めのほうが好まれるでしょう。そして国内でも、本場イタリアでも、このようなケースにぴったりとされているのが、カンパリ・ソーダです。

親友の家で夕食をご馳走になるたびに思うのですが、
彼女の家のテーブルクロスは、
どうしてこんなに張りがあってきれいなのでしょう？
我が家のクロスがくすんでいるように思えてしまいます。
いったいどうしたら、リネンを白くパリッと保てるのでしょうか？

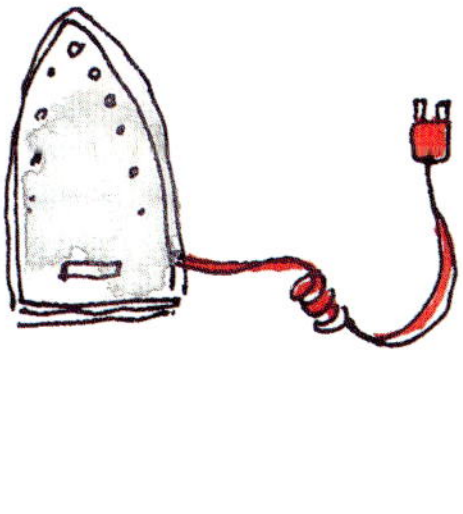

まず第一に、白いものは白いものだけで洗うのがコツ。他の色の布といっしょに洗うのは厳禁です。そうすれば、漂白剤を使うこともできます。日にあてて干せれば、白さが輝きを増してなおよいのですが、なかなかそれは難しいので、乾燥機を弱めの設定にして使うのがよいでしょう。仕上げにはスチームアイロンを使い、スプレーでほんの少しのりづけすれば、リネンに張りが出ます。

HAVE YOU EVER WONDERED...?

こんなとき、どうしたら……？

カクテルパーティーをはじめてから、もう6時間近く経ちました。
タルトはとっくになくなっているし、
キャンドルの火がもつのも後わずか。視界の片隅には、
ランプシェードをかぶってふざけている人の姿まで……。
もう、お開きにしてもよいでしょうか？

すでにできあがっている人には、それとないそぶりや言葉はなんの意味ももたないのです。それでも、皆が楽しんでいるようなら、疲れていても頑張って微笑み続けましょう。けれど、もしソファカバーやカーテンなどを外して体に巻きつけて遊ぶ人が出はじめたら、躊躇せずお開きにしてください。

カクテルパーティーでは、いったいどうしたら、
スマートに飲みものとオードブルを持っていることができますか？
こぼしたり、落としたりしたくありません。

飲みものとオードブルを持ったまま、ずっと美しい姿勢でいるなんて、そんな器用な芸当、ふつうの人にできるものではありません。小さなオードブルを選んでさっと食べてしまうのがコツです。ぐずぐずしたり少しずつ食べたりしてはダメ。お皿はすぐ空にしてしまいましょう。ひと口サイズのオードブルが食べやすくておすすめです。

お呼ばれしたお宅におみやげを持っていきたいと思います。
ありきたりのものではなく、
何か気のきいたものをプレゼントしたいのですが
どんなものがよいのでしょうか？

気のきいたおみやげを選ぶというのは、永遠の課題です。だからと言って、いつも一から新しいものを探し出さなきゃ、と思う必要はありませんが、相手の人柄や好みを考えて探すことは大切です。小さなブティックをのぞいたり、蚤の市に足を運んだりしてみれば、何かいつもとちがう素敵なものが見つかるかもしれません。

HAVE YOU EVER WONDERED...?

こんなとき、どうしたら……？

8人のお客さまを正式なディナーに招待しようと思っています。
気軽で楽しい雰囲気にしたいのですが、
BGMにはどんな曲がよいでしょうか？

お客さまが到着したころにはアップビートな曲をかけ、食事の間も引き続きテンポのいい曲をかけるとよいでしょう。元気のいい音楽がかかっていると、会話も弾み、その勢いで一晩中盛り上がるパーティーになります。

パーティーを開くとき、招待客はどうやって選べばよいのでしょうか？
もともと知り合いの人たちとそうでない人たちを、
バランスよく選び出す秘訣はありますか？

まずは、招待客の候補者リストをつくって、それを見ながら考えることをおすすめします。そうすれば、どんな人たちを選べばよいのかが、はっきりしてきます。急な欠席者が出た場合の「代役」を考えておくのもよいアイデアです。自然に集まったメンバーで開くパーティーも楽しいものですが、正式なディナーパーティーを催す場合は、鉛筆を削って、リストづくりからはじめましょう。

遅刻はどのくらいまでなら許されますか？

カクテルパーティーはそれほど時間に厳しくありませんが、それでも、オードブルのほとんどがなくなっていれば（そして客の半分が帰っていれば）、充分遅刻したということになります。それに対してディナーパーティーは時間厳守が原則です。約束の時間に30分遅れたら、冷ややかな笑顔で迎えられると覚悟しておいたほうがよいでしょう。

CONTENTS

THE GOOD HOSTESS AND OTHER BRAVE SOULS

すばらしい女主人とそこに集まるすばらしき仲間たち

「誰かを家に招待するということは、
その人があなたの家にいる間、その人の幸福を引き受けるということである」

ブリア・サヴァラン

お呼ばれしたお宅で素敵なもてなしを受け、楽しい時を過ごした思い出がたくさんあります。どうしてそんなに楽しかったのでしょう？　何か秘訣があるのでしょうか？　私はいつも、そのことについて考えていました。例えば、招待に困らない豪華な家に住んでいるとか、料理の腕がすごくよいとか、すばらしい花屋さんを知っているとか、おもしろい友だちに囲まれているとか、そういうことが秘訣なのでしょうか？　それとも、何が起こっても笑顔を絶やさないことでしょうか？　もちろん私は、笑顔なくして素敵なおもてなしはできないと思っていますが、ユーモアのセンスにだって同じことが言えるでしょう。笑顔もユーモアもたっぷり必要なのはたしかです。でも、それらよりもさらに重要なものがあるのです。「おもてなし上手」な人は必ずそれをもっていることに気づきました。おいしいカナッペやセンスのよいやわらかな照明などよりも重要なこと。それは、優雅さなのです。

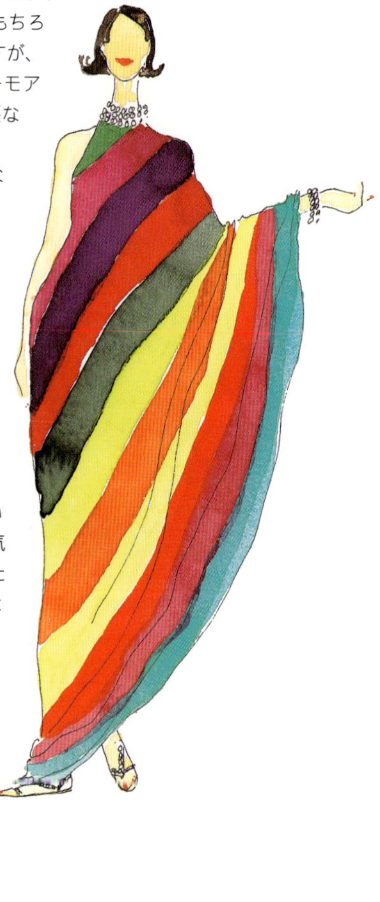

おもてなしをするときに優雅さを失わないでいることは、たぶんお客さまにさしあげられる最上のプレゼントです。優雅でいるということは、温かい心で広くものごとを受け入れることができ、忍耐強いということです。カウチにワインがこぼれても（そんなことはしょっちゅうです！）、ラムチョップを少し焼きすぎても、幽霊の出そうな真夜中までお客さまが居座ってしまっても、なるようになるわと構える余裕があるということ。また、優雅であるということは、物惜しみしないということでもあります。私の尊敬しているおもてなし上手の女性たちは、滞在中ずっと歓迎されていると感じさせてくれ、心からリラックスさせてくれます。本当に気前のよい人は、最初からシャンパンの入ったグラスを客の手に持たせて「さあ、飲んで。楽しんでちょうだい」と言うものです。大切なのは、お客さまに自分の家にいるような気分でくつろいでもらうこと。そう心がけ、努力することに価値があるのです。

30歳になったとき、私はそろそろ正式なスタイルのディナーパーティーを開いてもよい時期だと思いました。夫のアンディに相談すると、彼も大賛成。けれど彼は、私が正式なディナーパーティーを開くのは初めてであることを考えて、ちょっとした工夫が必要だと思ったようです。彼は、異物をのどに詰まらせた人に施す応急救命処置の仕方を説明したポスターを模してカードをつくり、それを招待状にしました。そして「ケイトの初めてのディナーパーティーにご招待します」と言葉を添えたのです。友人たちにもそのジョークはきちんと伝わりました。幸い、私もそのような初心者の時期を卒業し、今では、自分で用意できることと、他の人にお願いしたほうがよいものとをうまくわけてパーティーを開くことができるようになっています。そして、この「周囲の人たちにパーティーが成功するよう協力してもらう」ことこそが、おもてなしを成功させるもうひとつの重要なカギなのです。もしフルタイムの仕事をもっていたり、子どもがいたり、いつも責任をもってしなければならない大事な役目を背負っていたりするなら、何をするにつけても、誰かの協力を得ないとできないでしょう。パーティーもそれと同じで、成功させるには誰かの手助けを得ることが必要なのです。

自分がおもてなしの達人だなどとは思っていませんが、いつもできるだけのことをしようとし、常にどこかにヒントがないかと探すよう心がけているという点では、自信をもっています。30人ないしは50人が出席するカクテルパーティーを開くには勇気とノウハウが必要なのです。私は幼いころからずっと本が好きだったので、インスピレーションを得たり元気をもらったりするために、本をよく開きます。本は、何につけよきアドバイザーとなってくれるのです。ですから、本書を執筆する際にも、読者の皆さまがおもてなしのアイデアやヒントを得ることのできる、頼れる友だちのような本となるよう心がけました。花が大好きなので、パーティーでの花の飾り方（茎を短く切って透明の花瓶にこざっぱりとまとめるのが大好き）についてはたくさん書いていますし、音楽についても、皆が幸せな気分になれると思う曲を数多くリストアップしています。カクテルパーティーで揃えておくべき飲みもののリストや、週末にお客さまをお泊めするときのワンポイントアドバイスも載せています。（清潔なベッドやおもしろい読みものは必需品ですし、お客さまにもあなたにもプライベートな時間を残しておくことも忘れてはなりません）。最後の章では、特別なイベントでおもてなしをする際の素敵な演出法をまとめました。アンディと私が日ごろどんなパーティーを楽しんでいるのか垣間見ていただけると思います——その中には、祝祭日のお祝いやテールゲート（ステーションワゴンの後尾扉に飲食物を並べて開く野外パーティー）などの伝統的なイベントの他にも、アンディが「思い立ったときのパーティー」と呼んでいる、私たちお気に入りのパーティーについても紹介しています。

長い年月の間に、私はおもてなしについて、家族や友人からさまざまな形でたくさんのことを教えてもらいました。本書は、彼らが教えてくれたことと、ともに分かち合った楽しい思い出に対する感謝と敬意の気持ちからしたためた本でもあります。

ケイト・スペード　2003年 ニューヨークにて

SECTION ONE

The Mise-en-Scène

パーティーの演出

部屋を飾りましょう ・ アンティークを買いに ・ 花を飾って

明かりは工夫して ・ リネンにはこだわって ・ 食器棚を充実させて

パーティー用お買い物リスト ・ BGMを選びましょう ・ 席順も工夫して

外の世界が呼んでいます ・ 招待状

ふさわしい装いをしましょう ・ 理想的なおもてなし

素敵なお客さまとなるために ・ 突然ハプニングが起こったときも

DECORATING THE ROOM

部屋を飾りましょう

「アンディと私はこれまでにさまざまな土地で暮らしてきました。最初は西部、それからニューヨークに移り住んで20年近くになります。ニューヨークでは異なったタイプのアパートメントに住みましたが、いつも友人たちを招いておもてなしをしてきました。パーティー用に部屋を飾るときには、どうぞすべてのものにあなたのカラーを出してください。ただし、柔軟な発想やユーモアのセンスも忘れてはいけません。パーティーの準備は夢を見ることからはじまるのですから。もちろんその夢は、すぐに厳しい現実——リビングルームの広さが足りないとか——に直面して思い描いたとおりにはいかないでしょう。でも、そうして開いたパーティーには、いつも変わらぬあなたらしさがきっと表れているはずです」

「どこかに改まったよそゆきの雰囲気が
ただよっていると素敵です。
たくさんでなくていいから、
そのパーティーが大切で
特別なものだとわかるような
飾りつけを心がけて」

SHOPPING FOR YOUR HOME
インテリアを買いに

骨董市や蚤の市、厳選した品を置く専門店などは、こまごまとした雑貨から家具のような大きなものまで、家庭用インテリアを探して回るにはぴったりの場所です。蚤の市では、ペアになったマンハッタングラスの花瓶やユニークなサーバー（取り分け用カトラリー）など、アクセントにはうってつけの品が見つかることがあります。また、専門店なら、歩き回ることもなく、プロの目が選び抜いた逸品を手に入れることができるでしょう。

LIGHTING 明かりは工夫して

明かりがひとつもないパーティーを想像してみれば、明かりがいかに大切なものかがわかるでしょう。照明具はスイッチを入れるだけで、ムードをつくり出すことのできる優れたアイテム。壁付きのライトやシャンデリア、背の高いスタンド、部分照明などを上手に使えば、誰もがいっそう美しくエレガントに見えます。キャンドルは屋内外を問わず必需品です。素敵なアクセントになるうえに、パーティーの雰囲気を、それとなく伝える役目も果たしてくれます。

FLOWERS 花を飾って

どんな家でも訪れたとき、最初に優雅な気分にさせてくれるのは花です。まず感じるのは、家具のすばらしさではなく、飾られている花から伝わってくるセンスやおもてなしの心なのです。花ほど歓迎の気持ちを表すものはありません。背の高い透明の花瓶に桜の枝を挿したり、アネモネをかわいらしくまとめたり。一輪挿しのスズランを化粧室に置くだけでも、歓迎の気持ちはしっかりと伝わります。

MUSIC BGMを忘れずに

BGMなくして、パーティーは完成しません。それは、どんなイベントのときも同じです。ひっそりとしたパーティーほど寂しいものはないし、気持ちのよい音楽ほどみんなの気分を盛り上げてくれるものはないのです（それに匹敵するくらいすばらしいカクテルはまた別ですが）。選曲はおざなりにせず、花やテーブルリネン、メニューと同様、真剣に考えてください。

LINENS リネンにはこだわって

パーティーを主催するときはあなた自身を飾ることよりも、テーブルを飾ることのほうがずっと重要です。厚みのある白いコットンのテーブルクロスや縁取りをした色とりどりの小さなカクテルナプキンなど、クリスマスや感謝祭、独立記念日などの行事のときにはそのテーマに合った色や模様のリネンを選ぶとよいでしょう。テーブルリネンはパーティーの印象を決める重要なカギとなります。

THE WELL-STOCKED CUPBOARD 食器棚を充実させて

パーティーの日、食器棚はフル稼働で活躍します。カトラリー（純銀製のものからフランスの居酒屋風のものまで。でもプラスチック製のものは絶対にいけません。たとえピクニックであっても）に、グラス（オレンジジュース用のものからカクテルやワイン用のものまで、すべての飲みものに対して専用のものを用意して）、その他、お皿やカップ、しゃれたサーバーなど、どれもがおもてなしに欠かせないものばかりです。

バカラのクリスタル製品は、1900年にはすでに、南極を除くすべての大陸で売られていました

SHOPPING FOR ANTIQUES

アンティークを買いに

「蚤の市でのお買い物は、私の大好きなことのひとつです。どの蚤の市を訪れるのも楽しいものですが、旅行中ならなおさらです。ときには家にある食器にぴったりな、すばらしい模様の古い磁器のお皿に出会うこともあります。古いものと新しいものをバランスよく組み合わせるのがおもしろいのです」

ピクニック用のテーブルをお探しですか？　客室用のスタンドや、パーティーで使うテーブルリネン、7月4日の独立記念日にカクテルを飲むにふさわしいグラスも入り用ですか？　蚤の市は誰でも気軽に行けて、パーティーに必要なものの宝庫です。中には値の張るものもありますが、たいていは手ごろな価格で手に入ります。何よりいちばんの魅力は、世界にひとつしかないあなただけのものが見つけられることです。

ITEMS TO SHOP FOR AT THE FLEA MARKET

蚤の市でのお買い物にぴったりのアイテム

塩・こしょう入れ

ナプキン、ハンドタオル

カトラリー
（セットでもばらばらでも）

フルート型のシャンパングラス

サーバー
（サーバー・スプーン、トング、サラダ・サーバーなど）

クリーマーと砂糖入れのセット

ピッチャー

トレイ

花瓶

コースター

使い勝手のよい家具

お皿

年代物のナプキンリング

テーブルクロス用の布地

WHERE TO SHOP
おすすめのお買い物スポット

ブリムフィールド・
アンティーク・ショー
マサチューセッツ州ブリムフィールド

ハドソン渓谷にある数多くの
アンティークショップ
ニューヨーク州ハドソン

ストーンビル空港の蚤の市
ニューヨーク州ストーンビル

ジョーン・デリアン・カンパニー
ニューヨーク市

スティーヴン・スクラロフ
ニューヨーク市

アラン・モス・ステュディオ
ニューヨーク市

サグ・ストリート・アンティーク
ニューヨーク州サグ・ハーバー

ファーミントン・
アンティーク・ウィークエンド
コネティカット州ファーミントン

スコット・アンティーク・マーケット
ジョージア州アトランタ

ケーン・カウンティ・フェア
イリノイ州セントチャールズ

アーキテクチュラル・アーティ
ファクツイリノイ州シカゴ

ローズボウル・フリーマーケット
カリフォルニア州パサデナ

ウェストパームビーチ・
アンティーク・アンド・
コレクティブルズ・ショー
フロリダ州ウェストパームビーチ

リンカーン・ロードの骨董市
フロリダ州マイアミビーチ

クリニャンクールの蚤の市
パリ（クリニャンクール～サン・
トゥアン）

クリストファー・ギブズ
ロンドン

HANDY SHOPPING TIPS
お買い物ワンポイントアドバイス

値切り交渉はゲームみたいなもの。現金を握りしめてがんばって。
（「とはいえ、実は私は大の交渉下手。仲間にいつも助けてもらっています」）

目立たない服装で。よいお買い物をするには周りに溶け込むことが大事です。凝ったアクセサリーをつけたり、おめかしをしたりする必要はありません。カジュアルな服装が賢い選択。

あっちこっちのぞいて回っても大丈夫です。よく見て、手にとって、確かめて（ただの古い大きな動物のぬいぐるみだと思っていたものが、銀のナプキンリングを抱えているかもしれませんよ）。

どうしても欲しいと思ったら、迷わず購入して（それができなければ、他の誰かに目の前で持っていかれる覚悟をすることです）。

買う前に、持ち帰る手段を考えましょう。

そして忘れてはならないのは……早起きは三文の得ということ（三文よりももっとお得なことがあるかもしれません）。

フィエスタ社の食器でもっとも人気の高い色は、濃いブルーとオレンジ・レッドです •

FLOWERS

花を飾って

「ホームパーティーの演出で私がもっとも楽しみにしているのは、花を飾ることです。もともと花のない生活なんて考えられませんし、お客さまの喜ぶ顔を思い浮かべれば、飾る喜びもいっそう増すというものです。予算なんて後回し。いつも、まずはどんな雰囲気の花がほしいのか、どんな色合いでまとめたいのかを考えます。お財布と相談するのはその後です」

「昔、パワーズという名の男がいた。
彼は寂しかった、妻が花にかまけてばかりいたから……」

オグデン・ナッシュ、『パワーズ氏の孤独』

茎を切り口から数センチのところで斜めにカットし、毎日水を替えてあげれば、花は長持ちしてくれます。

ABOUT ARRANGEMENTS
アレンジメントについて

「パーティーの花は豪華すぎや目立ちすぎはよくありません。私は、花を飾るのは好きですが、飾り立てるのは好きではありません。“アレンジメントに凝る”ほうではないんです（それに、“茎にこだわる”タイプでもないみたい）。余分な葉や茎を落として花と短い茎だけを残し、ガラスの背の低いボウル型の花瓶にまとめて生けるのが好みです。でも、それだけの余裕がないときは、買ってきたひと抱えの花を食卓用の気のきいた陶器のピッチャーに無造作に飾ったりもします。そして、葉や茎がおかしな方向を向いていたり、つるが飛び出ていても、それが演出に見えるような工夫をします」

I REALLY LOVE...
私の大好きな花は

シャクヤクは、私がもっとも愛する花。
特にコーラル・ピンクが大好き

スイートピー

アジサイ —— 茎を短く切って、雪玉のようにまとめて飾ります

トルコキキョウ（真っ白なもの）

アネモネ

ラナンキュラス

ポピー

ダリア —— 花びらは多いほど素敵

桜 —— 濃いピンクで、高さのあるもの

ボケ

ガマ

バラ —— 花が大きくボリュームのあるもの。シャクヤクの代役に

丈の長い大きなチューリップ（でも花びらがフリルになっているものは絶対ダメ）

オレンジの木

TRIMMING THE ORANGE TREE
オレンジの木に飾りつけをしましょう

オレンジの鉢植えにオーナメントを吊るしたり、イルミネーションを施したりしましょう（特別なときだけ使うなら、近くの園芸店からリースしても）。

「生け花」とは、日本の伝統的なフラワーアレンジメントのことです

IN PRAISE OF PEONIES
シャクヤク賛歌

「シャクヤクはその家でいちばん上等な部屋や、テーブルの飾りつけに用います。応接間に飾ったり、おしゃれな結婚式の卓上花として生けたりします —— シャクヤクほどどこに飾っても喜ばれる花はありません」 —— この文章は、1899年に発行された女性誌『ファッションズ・アンド・ファンシーズ』の記事の引用です。それは時を経た今もなお変わりません。

MY WISH LIST OF FLOWERS, MONTH BY MONTH
私の飾りたい花リストを月ごとに

1月
チューリップ、ラナンキュラス、アネモネ、レンギョウ、マグノリアの枝

2月
チューリップ、アジサイ、ラナンキュラス、ポピー、アネモネ、レンギョウ、ネリネ、ボケ

3月
シャクヤク、チューリップ、アジサイ、ラナンキュラス、アネモネ、ハナミズキ、ネリネ、フリージア、野生リンゴの花、桜

4月
シャクヤク、チューリップ、アジサイ、ラナンキュラス、アネモネ、ネリネ、フリージア、花の咲いたハナミズキの枝、桜

5月
シャクヤク、チューリップ、ラナンキュラス、アジサイ、スズラン、アネモネ、フリージア、花の咲いたハナミズキの枝

6月
シャクヤク、チューリップ、ライラック、アジサイ、ダリア、ポピー

7月
アジサイ、スイートピー、ダリア、トルコキキョウ、ユーカリ

8月
アジサイ、ダリア、コスモス、ルドベキア、ユーカリ

9月
ダリア、コスモス、アジサイ

10月
アジサイ、コスモス、フリージア、カエデの葉

11月
ラナンキュラス、シャクヤク、アネモネ、フリージア

12月
チューリップ、実の付いたセイヨウヒイラギ、フリージア

「透明のガラスの花瓶に花を飾るのが大好きだと、ことあるごとに言っている私ですが、実は他のタイプの花瓶に手を伸ばすこともよくあるんです。でもその際も、必ずシンプルなものを選ぶようにしています。凝った装飾の施してある花瓶は、花の自然な美しさを台無しにしてしまいますから」

FLORAL AROMATICS FOR THE BEDROOM AND BATH...
寝室やバスルームには香りのよい花を

フリージア

スイカズラ

ジャスミン

ライラック

スズラン

フサザキスイセン

スイートピー

チュベローズ

クチナシ

木の枝を飾るときには、切り口を金づちでやさしくたたいて水を吸い上げやすくしてあげましょう。また、枝の下のほうに果物ナイフで縦に切れ目を入れるのもよい方法です。

皇后ジョゼフィーヌ・ボナパルト（1763−1814）は彼女の住まいであるマルメゾン城の庭にシャクヤクを植えたとされています。そのうえ、オレンジ色のシルクでつくったシャクヤクの花の付いたドレスも持っていました。

LIGHTING

明かりは工夫して

「アロマキャンドルをひとつオフィスに灯すと、とても心が安らぎます。化粧室に置くのも好きですし、旅先にも必ずいくつか持って行きます。ホテルの部屋で灯すと、自分の部屋のような雰囲気が漂い、心落ち着く空間になるのです。でも、お客さまを呼んでおもてなしをするときには、教会で使うような小さくて白いキャンドルがシンプルで素敵に思えます。窓辺や階段、家の中のちょっとしたスペースなど、あちこちに置くんです。小さくて幅のわりに高さのない白いキャンドルには、あたりに静けさや打ち解けた雰囲気を生み出す効果があります。ベーシックなキャンドルをうまく使って、心地よい会話を楽しむ雰囲気づくりをしてください」

「やわらかな光よりも
肌を美しく見せてくれる
化粧品なんて
見たことありません」

その瞬間を逃さないで！ 旅先でかわいいキャンドルを見つけたらすぐに購入して！ おもてなしのときに重宝します（夏の夜、テラスで開くパーティーに招待されたときにも、とてもよいおみやげに）。

たいていの家は照明を落とせばムードが出ます。お客さまの顔も美しく見えるはず。あなたはただ、ほんの少しスイッチをひねるだけでいいのです。

EATING OUTDOORS?

パーティーの会場が屋外なら？

テーブルを地面から照らしてみてください。小さくてベーシックなキャンドルを、テーブルの周りに大きな円を描くようにして芝生の上に並べるのです。とても幻想的な雰囲気になります。もちろん、テーブルの上にもキャンドルを置きましょう。キャンドルの光に照らされて、誰もがいっそうエレガントに。

クリスタルのシャンデリアは
照明の貴婦人です

LIGHTS I LIKE...

私のお気に入りの照明器具

「天井から吊り下げるタイプの照明器具が機能的にも、見た目的にもやはりいちばんでしょう。私の家では、アンティークのクリスタル素材のものを好んで使っています。特に、ディナーパーティーのときに照明を落として、部屋のあちこちに繊細な光をこぼれさせるのが大好きです。光は淡いシャンパン色になり、部屋の中はやわらかな光で満たされるのです。また、まばゆいばかりにきらめくクリスタルのペンダントが数多く飾りつけられた大きなシャンデリアも、このうえなく優雅なものとしてお気に入りです」

TALL OR SHORT BUT ALWAYS THIN...

いつも細いものを

「デザイナーのテッド・ミューリングは、さまざまな長さの、とても細いキャンドルをつくっています。私は、枝付き燭台に立てるよりも少し高さのある彼のキャンドルを選んでダイニングテーブルのあちこちに無造作に飾るのが大好きです。とてもモダンで素敵に思えます。そのうえ、ナチュラルで幅が細いので、テーブルの向こう側が見えにくくなるようなこともありません。キャンドルの炎は部屋の中に揺らめく光を放ちます。キャンドルの飾られていないダイニングテーブルなんて、つまらないと思うのです」

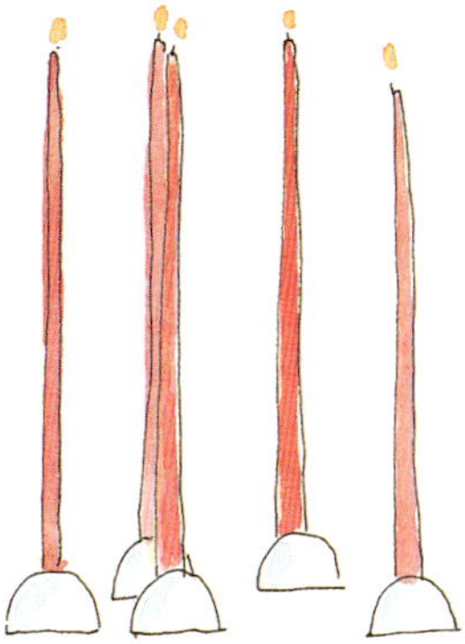

ピクニックテーブルに
背の高いピンクのキャンドルを飾ってみて

窓辺にキャンドルを灯して飾る「ウェルカム・キャンドル」は、心からの歓迎の気持ちを表す素敵な方法です。

シャンデリアは、テーブルの上から少なくとも60センチは離しておかなくてはなりません

LINENS

リネンにはこだわって

「私は、いつどんなときでも、紙製ではなく布製のナプキンを選びたいと思っています。今、夢中になっているのは、昆虫の絵が刺繍されたカクテルナプキン――中でもいちばんのお気に入りは黒蜘蛛の絵柄です。不気味だと嫌う人の気持ちもわかるのですが、なぜかとてもかわいらしく思えるのです。でも、正式なディナーパーティーを開くときには、クラシックなスタイルにこだわり、厚手の白いリネンのナプキンを用意しています。なんと言っても豪華に見えますし、それほどお金をかけなくともたっぷり揃えることができるからです。もちろん、特別な行事のときには、その内容に合った図柄やテーマカラーの紙のカクテルナプキンを用意するのも素敵です。鮮やかな色合いのものを選んで、その行事をお祝いする気持ちを表すようにしたいと思っています」

BEFORE YOU SET OUT TO BUY A THING...

お買い物に出かける前に

まず、家にあるものを確認しましょう。

テーブルリネン
テーブルクロス、プレースマット、ナプキン、カクテルナプキン

ベッドリネン
シーツ、枕カバー、羽毛布団カバー、肌寒い日のための予備の毛布

バスタイムのリネン
特大のバスタオル、バスタオル、フェイスタオル、ハンドタオル、宿泊されるお客さまのためのバスローブとスリッパ

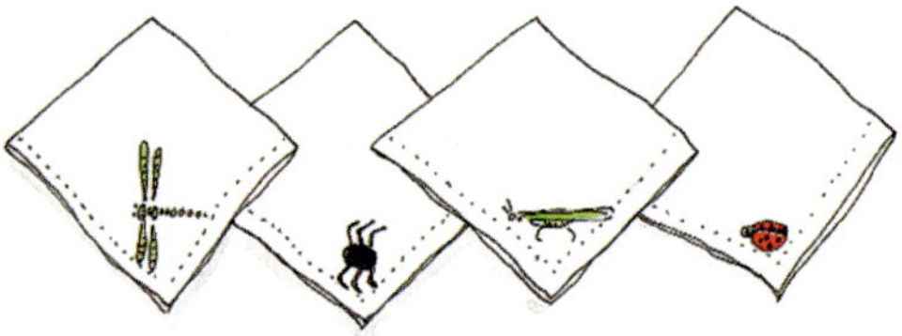

COUNT AND SORT YOUR NAPKINS

手持ちのナプキンの種類と数を調べましょう

個性的な色や模様のナプキンなら、8枚揃えられれば理想的ですが、6枚でも充分でしょう。もし同じナプキンをたくさん揃えたいなら、蚤の市をのぞいてみるのもひとつの手です。いちばんすばらしいものは、旅先で見つかることも珍しくありません。

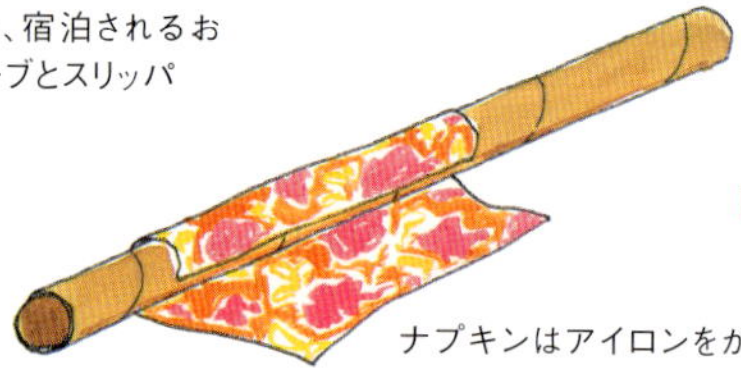

NO CREASES ALLOWED

シワが残っていてはだめ

ナプキンはアイロンをかけて折りたたみ、手でならしてからしまいます。折りジワをつくりたくないなら、ラッピング用紙が巻かれていた筒に巻いて保管するとよいでしょう。使うときには、メレンゲのようにふんわりとした状態になっていますよ。

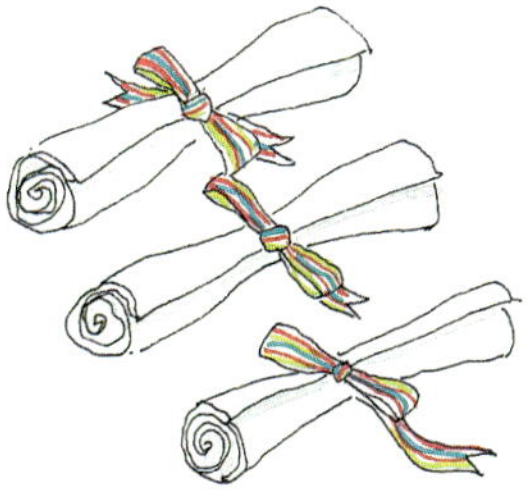

SIMPLE IS SUBLIME
シンプルこそ最高

「テーブルリネンは、シンプル・イズ・ベストと考えていますが、食卓のアクセサリーであるナプキンリングは、シンプルでなくてもよいと思っています。必要以上に大きかったり、あるいは逆に小さすぎたりするような、ユーモラスなナプキンリング（でも、高価ではないもの）が大好きです。また、リボンも好きなので、カラフルな縞模様のグログランテープを蝶結びにしてナプキンリングにすることもよくあります」

GETTING THE HANG OF IT
ちょっとしたコツ

ディナーのときは、テーブルクロスはテーブルの端から8〜12インチ垂らします。

ナプキンの種類とサイズ

ランチョンナプキン：
12×12インチ〜18×18インチ

カクテルナプキン：
ランチョンナプキンより小さなもの

ディナーナプキン：
18×18インチ〜24×24インチ

バンケットナプキン：
24×24インチ〜32×32インチ

※註：1インチ＝約2.54センチです。
参考にしてください。

白いテーブルクロスを買って、
好きな食べ物やお気に入りの
旅行先の名前を刺繍してもらいましょう。

「鮮やかな色が大好きな私ですが、
テーブルクロスには白を選んで、
アイロンをやわらかめに
かけるようにしています。
でも、ときには、華やかな絵柄の
テーブルクロスを使うこともあるんです。
そういうときには
真っ白な磁器の食器を使うと、
色鮮やかな絵柄と磁器の白さの
コントラストがとてもきれいなんですよ」

FOR THE GUEST ROOM
お客さま用寝室に調えるもの

シリーズで揃えたタオルのセット（きれいなものを用意して）

アイロンをかけたばかりの、少し装飾の施された白いシーツ

鮮やかな色合いのアメリカン・キルトのベッドカバー（もちろん、ピンクを使ったもの）

大きな枕と羽毛布団（模様のある大胆な色使いのもの）

FOR THE TABLE, HOW ABOUT...
テーブルリネンは、どうすれば

旅先で見つけて購入した布地

大叔母にいただいた1950年代のテーブルクロスとナプキンのセット

頼れるシンプルで真っ白なリネン

近所の布地屋さんで買ったコットンの布地（布の端をピンキングばさみでカットして）

HANDY WITH AN IRON アイロンがけのコツ

テーブルクロスのアイロンがけは、まずはお湯を入れた霧吹きで布の片面を湿らせます（生地がコットンなら軽めに、リネンなら少し多めに）。円形なら、アイロンは布の中心から端に向かって、布地を回しながらかけていきます。長方形や正方形のものなら、表裏両面にかけましょう。

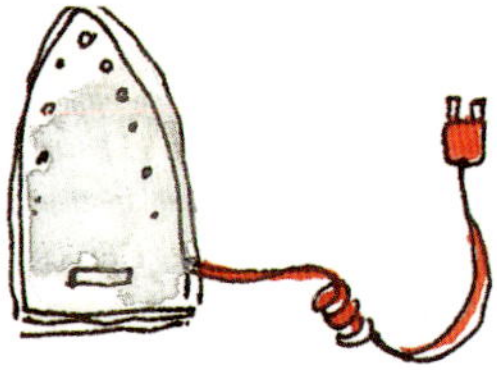

まずは表面を中にして半分に折り、上にきた裏面にアイロンをかけます。乾いてきたら、今度は先ほどとは逆に裏面を中にして折ります。このとき先ほどかけた面のちょうど反対側にあたる表面が上にくるようにしてください。そしてその面にアイロンをかけましょう。これでテーブルクロスの半分にアイロンがかかりました。後の半分にも同じことを繰り返してください。

ODE TO THE IRONED SHEET
アイロンがけをしたシーツは天国にいるような心地よさ

バスタブにゆっくりつかる代わりにシャワーを浴びるようになったのと同じように、シーツは洗い立てであればそれで満足し、アイロンまではかけなくなりました。でももし時間があるなら、このほとんど忘れかけた芸術的な技を思い出して、あなたとお客さまのシーツにアイロンがけをしてください。アイロンされたシーツで眠るのはまるで天国にいるような心地よさです。コットン100パーセントのシーツは多少アイロンをかけにくいものですが、霧吹きで湿らせ、アイロンをスチームにすれば、充分きれいにかけることができます。シーツがまだ少し湿り気を含んでいる段階でアイロンをあてる人もいますね。それは、乾燥機が布に与える負担を減らすという点からみても、とてもよい方法だと思います。もちろん、枕カバーにだけアイロンをかけてもかまいません（いちばんのぜいたくはシーツをクリーニングに出すことです。でもこれは出費がかさむことを覚悟して）。

BEDS AND BED LINENS ベッド&ベッドリネン

マットレスやシーツのサイズにはいろいろなバリエーションがありますが、ヨーロッパの規格のものは別として、一般には下記のようなサイズが標準とされています。※註:1インチ=約2.54センチです。参考にしてください。

マットレス

ツイン(シングル):39×75インチ

フル(ダブル):54×75インチ

クイーン:60×80インチ

キング:78×80インチ

カリフォルニアキング:72×84インチ

シーツ

ツイン・フラット(ゴムなし):66×96インチ

ツイン・フィット(ゴム入り):39×75インチ

フル(ダブル)・フラット:81×96インチ

フル(ダブル)・フィット:54×75インチ

クイーン・フラット:90×102インチ

クイーン・フィット:60×80インチ

キング・フラット:108×102インチ

キング・フィット:78×80インチ

カリフォルニアキング・フラット:
102×110インチ

カリフォルニアキング・フィット:
72×84インチ

(P.S.もし特に分厚いマットレスを使っているのなら、通常のものより大きなフラット・シーツを選ぶ必要があります。買う前にまずマットレスの厚さを測ってください。少し大きめにつくられたフラット・シーツも販売されています)

枕カバー

スタンダード:20×26インチ

クイーン:20×30インチ

キング:20×40インチ

ヨーロピアン:26×26インチ

ブードワー:12×16インチ

ネックロール:6×14インチ

WELCOME THE COMFORTER
羽毛布団さん、ようこそ

30年前には電気毛布を使っていた私たちアメリカ人にも、年々、羽毛布団を使う習慣が定着してきました。さあこれで、ベッドリネンとして考えるべきものがもうひとつ増えました。羽毛布団カバーの登場です!

ツイン:68×88インチ、68×86インチ、66×88インチ

フル:81×88インチ

フル/クイーン:86×86インチ、88×88インチ

キング:107×96インチ、102×86インチ、
102×88インチ

鳥の羽でくすぐられることに強い恐怖を感じる神経症のことを「羽毛恐怖症」と言います ・

THE WELL-STOCKED CUPBOARD

食器棚を充実させて

FLATWARE, GLASSWARE, PLATES, CUPS, AND OTHER TABLE SUNDRIES

カトラリー、グラス、お皿、カップ、その他のテーブル雑貨

「今持っているものを使いましょう。もし純銀のカトラリーを持っていないのなら、きっとそれはあなたにとって必要のないものなのです。現代的なデザインが好きなら、その路線に絞って好みの食器を集めてください。今や数少ない例外を除けば、伝統的なディナーパーティーも、純銀のカトラリーでなくてはならないということはありません。クリスタルのグラスだって同様です。つまり私が言いたいのは、テーブルセッティングには、もはや『～でなくてはならない』なんていう言葉は存在しないということ。どうぞ好きなものを選んでください」

KNOW YOUR SILVER

銀について知りましょう

STERLING SILVER

純銀

純銀のカトラリーには3種類の重さのもの（軽いもの、中間のもの、重いもの）があり、裏面には純銀を示す「sterling」の刻印をするよう、法律で義務づけられています。優雅で気品があり、何世代にもわたって使えるほど耐久性のよいものです。持ち手の部分にイニシャルを彫ることもよくあります。

「純銀のカトラリーは、銀めっきやステンレスのものよりもはるかに優雅で美しいものです。
銀のカトラリーを購入するときには何よりも重さに気をつけてください。
羽のように軽いカトラリーで食べるのはあまり心地のよいものではありません。
手にしたときにかすかに重みを感じるようなナイフとフォークを選びましょう」

ジュヌヴィエーヴ・アントワーヌ・ダリオー

「純銀や銀めっきのカトラリーを購入するなら、どんなときでも、
銀一色でシンプルな形のものを選ぶのがいちばん賢い選択です」

『ヴォーグズ・ブック・オブ・エチケット』

SILVER PLATE
銀めっき

銀めっきのカトラリーは、他の金属でつくった原型の上に銀をめっきしてつくります。めっきが厚くなればなるほど、耐久性も増し、値段も高くなります。よく手入れをし、磨いてください。

STAINLESS STEEL
ステンレス

ステンレスのカトラリーは、現代的で、さほど高価でもなく長持ちし、手入れもしやすいものです。こんにちつくられるカトラリーのほとんどがステンレス製だと言ってよいでしょう。ステンレスは、純銀や銀めっきとちがって、磨く必要がありません。

COUNTING, MATCHING, AND MIXING
数えて、合わせて、組み合わせてみましょう

何かのときのためにと購入した食器を何年もの間、大事にしまい込んでいて、パーティーを開くことが決まってから初めて取り出してみる、ということがよくありますよね。たまには食器棚を開けて箱を取り出し、何がいくつあるのか数えてみましょう。実際にパーティーを開く前に、他の食器と合わせて、よい組み合わせを考えておくことが大切です。

FLATWARE カトラリー

「長い年月の間に、カトラリーの使い方や決まりごともずいぶん変わってきました。75年以上前には、正式なテーブルセッティングには、1人16本ものナイフやフォークが必要だったそうです。ありがたいことに、こんにちのディナーパーティーでは、その半分があればよいことになっています。また、私がずっと頼りにしてきた言葉 —— 12人分のカトラリーがあれば、どんなパーティーにも柔軟に対応できる —— も今のところまだ時代遅れにはなっていないようです」

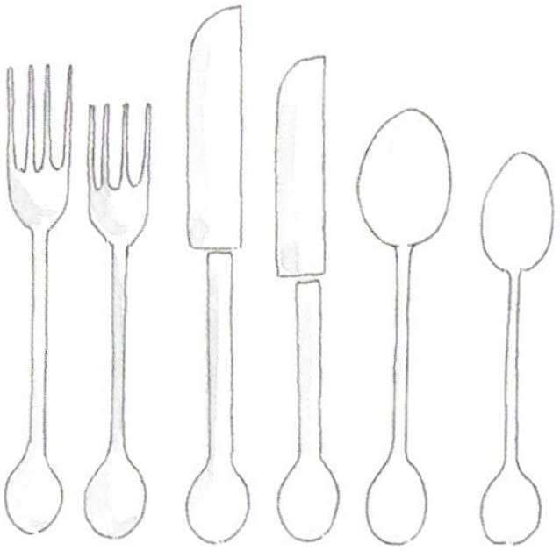

THE DINING TABLE TODAY
こんにちのダイニングテーブル

フォーク
テーブルフォーク、サラダフォーク

ナイフ
テーブルナイフ、デザートナイフ

スプーン
スープスプーン、デザートスプーン
またはティースプーン

SILVERWARE I'D LIKE TO SEE ON THE 21ST-CENTURY TABLE
21世紀の食卓でもずっと見続けたいカトラリー

美しいデザートフォークはフォークとナイフの幸せな出会いが実ってできたもの。ストロベリー・ルバーブパイのアイスクリーム添えやチョコレートムース、ピーチコブラーを食べるのにぴったりです。

カトラリーは一度使ったら、テーブルリネンの上に戻してはいけません。
お皿や受け皿の端に品よく置きましょう。

何でもきちんとセットで揃えようなんて思わないで。
個人のお宅で開かれる財産処分セールなら、手持ちのカトラリーのよいスパイスとなってくれる、
とっておきのアンティークのカトラリーが見つかるかもしれませんよ。

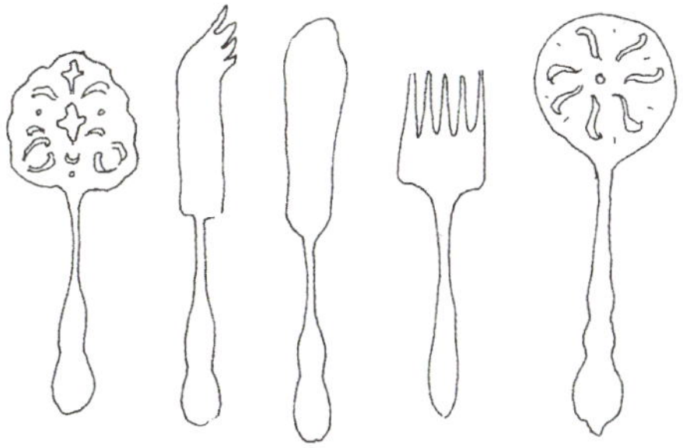

カトラリーあれこれ:トマトサーバー、チーズナイフ、バターナイフ、サーディーンフォーク、ラージサイズのトマトサーバー

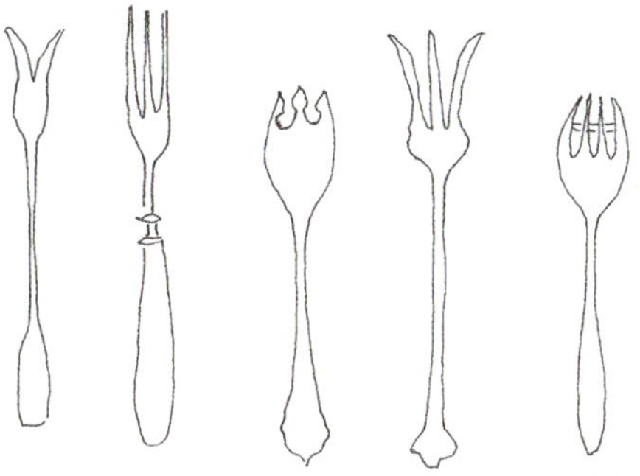

フォークの楽園:オイスターフォーク、フルーツフォーク、デザートフォーク(アイスクリームフォーク)、レタスフォーク、ラムカンフォーク

"S" IS FOR SHINE

銀製品は輝かせてこそ

パーティーの前に、カトラリーの数を確かめ、曇っているものがあれば磨きましょう。

純銀のカトラリーの美しい輝きを保つには、毎日使うのがいちばん。磨くだけでは銀特有の温かな輝きは出てきません。それに、爪のお手入れと同じで、あまり磨きすぎると、表面の層がすり減ってしまいます。イニシャルだって消えてしまいます。

磨くときには、上質の銀磨剤を使いましょう。それからよく水洗いし、やわらかなリネンの布で水分を完全に拭き取ります。自然乾燥では、水滴の跡が残ってしまいます。

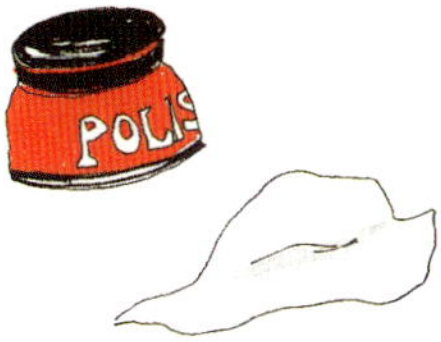

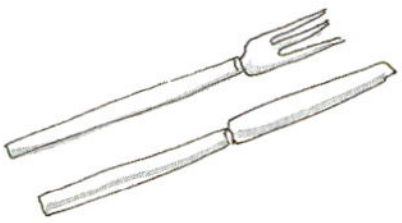

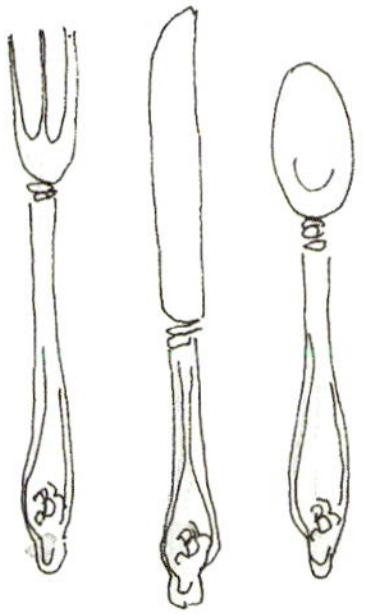

HOTEL SILVER ホテルのカトラリー

上質で、耐久性があり、購入しやすい価格であること。これらの3つの条件は、どれかを満たせば、必然的にどれかがかなわず、すべてを満たすのはとても困難です。そこで参考にしたいのが、ホテルのカトラリー。ホテルでは銀めっきを厚く施して紋章や名前を刻んだカトラリーを使っています。こういったカトラリーは、古くは外国航路の船や列車、最近では飛行機などでも使用されています。今ではこれらを収集する人たちもいるのだとか。その紋章や名前が旅のよき思い出になるからでしょう。

WHEN OLDER IS BETTER...
古いものをよみがえらせて

見たこともないようなおもしろい形の銀のカトラリーを受け継いだりしていませんか？ それは今でも充分使えます。しかも、祖父母の世代が考えもしなかったような方法でね。

チェリニョーラ種のオリーブをバターピックで刺してみて。

平らなトマトサーバーはホットケーキをよそうのにぴったりです（特大サイズのものは別）。

昔ながらの形のチーズスクープでメロンやブルーベリーをすくいとるのもおもしろい。

小さくてころころしたグリーンピースもお玉を使うと簡単にすくえます。

食卓用の小さなソルトスプーンはスパイシーソースをかけるのにちょうどよい大きさ。

オッソブーコ（註：仔牛の骨付きすね肉の煮込み）の骨の真ん中のゼラチン質を食べるのに、デミタススプーンを使ってみてはいかが？

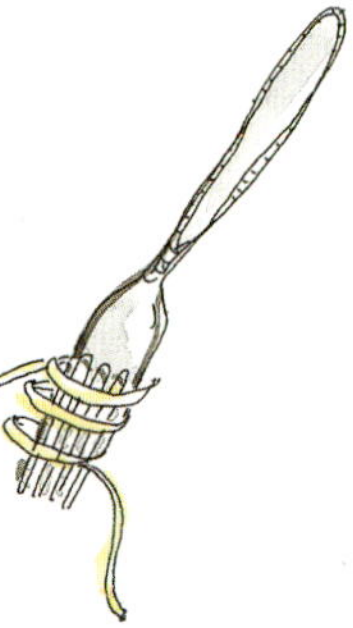

大きめのテーブルスプーンは、取り分け用サーバーとして使えるだけでなく、リングイネを食べるときに添えるスプーンとして使っても便利。

DINNERWARE

お皿

カトラリーと同じで、お皿も美しさと使いやすさの両方を兼ね備えたものが理想です。ばら売りで買うことも多い日常使いの磁器の美点は、繰り返し何度も使え、簡単に買い足せることでしょう。これに対し、フルセットの高級磁器の美点は、まさにその「美」にあります。買い足すにもずいぶんお金がかかります（もし海外で特別なものを購入した場合は、その費用はさらにはね上がってしまいます）。

毎日の食卓では、それほど多くのお皿を用いる必要はありません。ディナー皿と、もうひとつサラダ皿ぐらいのものを用意すれば充分でしょう。でも、ディナーパーティーとなると話は別。もっとたくさんのお皿……たいていの場合は、より多くの磁器のお皿を並べる必要があるでしょう。どんなタイプのお皿であっても、自分の家のテーブルが何人掛けなのか、壊れたり欠けたりしたときに買い足しがきくのか（あるいはきかないのか）を考え、予算も考慮して購入しなくてはなりません。少なくとも8人分のセットを揃えておきましょう。おもてなしをする機会が多く、大きなダイニングテーブルがあるのなら、12人分のセットで揃えることをおすすめします。

YOU NEVER KNOW...

ご存じかしら？

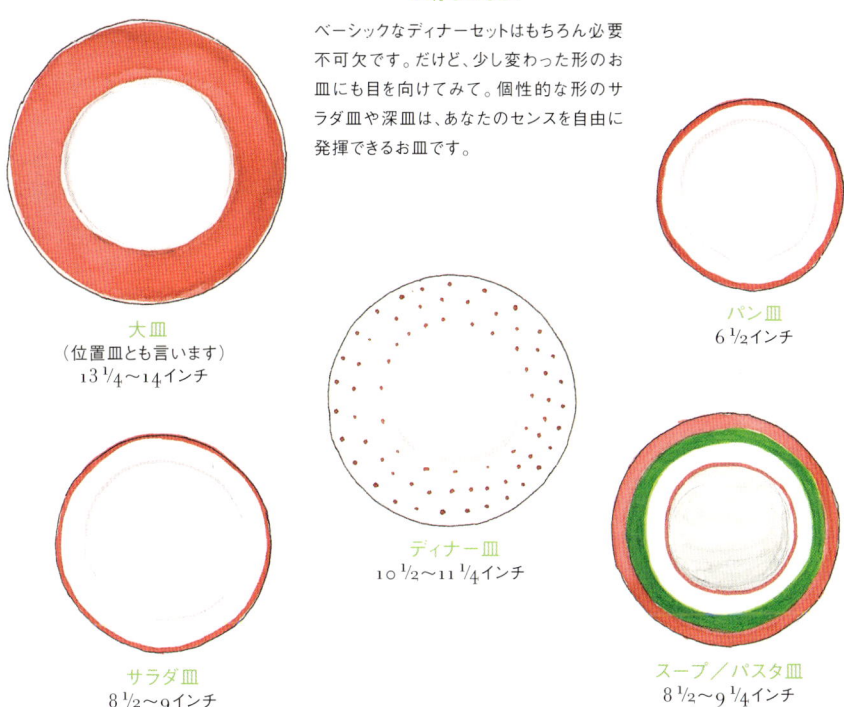

ベーシックなディナーセットはもちろん必要不可欠です。だけど、少し変わった形のお皿にも目を向けてみて。個性的な形のサラダ皿や深皿は、あなたのセンスを自由に発揮できるお皿です。

大皿
（位置皿とも言います）
13 1/4〜14インチ

パン皿
6 1/2インチ

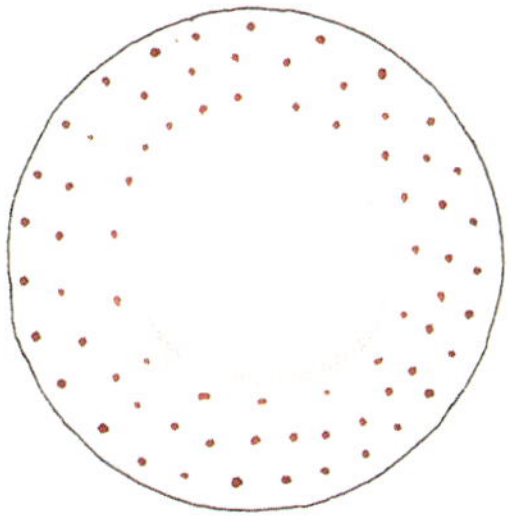

ディナー皿
10 1/2〜11 1/4インチ

サラダ皿
8 1/2〜9インチ

スープ／パスタ皿
8 1/2〜9 1/4インチ

※註：1インチ＝約2.54センチです。参考にしてください。

GLASSWARE FOR THE HOME BAR

お酒を楽しむためのグラス

数あるおもてなし用の食器の中で、昔からもっとも変わっていないのが、グラス類です。

GLASS グラスの種類	DESCRIPTION 説明（形・用法）	USES 使い方
 ビアグラス	ピルスナー（左）の細長い、優美な形が大好き。 300〜420mℓ	ピルスナーは、慣例どおりビールを飲むときだけに使って。でも、ビアマグ（右）のほうは、アイスコーヒーやクリームソーダ、ルートビア・フロートを飲むのに使ってもOKです。
 ブランデーグラス	大きさより形が大事。グラスの底を手で温めながら、ゆっくりとブランデーの香りを楽しむと、まるで日本の禅の心を味わうようです。 120〜720mℓ	思いきっていつもとちがう使い方をしてみて。次のランチパーティーでは、秋ならアップルサイダー、夏ならレモネードを注いでみましょう。
 シャンパングラス	細長いフルート型（左）は、美しい音楽のように素敵。でも、口の広いソーサ型（右）を使っても、昔のハリウッド映画のスターになったような気分を味わえます。 180〜300mℓ	フルーツをお出しする器としてぴったりです。ラズベリーならかわいらしく、マンゴーを丸くくり抜いたものなら特においしそうに見えます。
 コリンズグラス	ハイボールグラスより細いもの。 300〜420mℓ	トムコリンズやラムコリンズなど炭酸を使ったカクテルを飲むのに適しています。
 リキュールグラス	ごく小さいグラス、またの名を「ポニー」	昔ながらの木のマッチ棒を入れて、バー・スペースにそっと置いてみて。ほらね、とってもおしゃれでしょう?

GLASS グラスの種類	DESCRIPTION 説明（形・用法）	USES 使い方
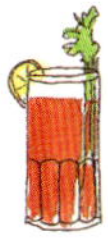 ハイボールグラス	カクテル用のグラス。世界中のバーでもっとも親しまれているグラスです。 240〜360ml	何に使ってもOK。ジン・トニックでもブラッディ・マリーでも。ビールだってOKです。
 ジュースグラス	小さくて、値段もそう高くないものが多い。デザインもさまざま。	もちろんジュース用！ キャンティワインを注いでもカジュアルで素敵です。
 マティーニグラス	何も言うことはありません。完璧！	最近では、シリアルを除けば、何を入れてもよいようです。でも、どうしてせっかくの芸術品に他のものを入れて台なしにしてしまうの？ マティーニグラスにはマティーニだけを注ぐべきです。
 オールドファッションドグラス	スコッチをオンザロックで？ ならば、このグラスでどうぞ。 120〜300ml	夏の暑い日にはレモネードとアイスティーを1:1で入れてみて。
 ショットグラス	この小さなひと口グラスは、計量のためのものではありません。 60ml	とっておきのウイスキーをストレートで飲むときや、テキーラを何杯も続けて飲むときに使いましょう。
 ワイングラス	赤ワインには丸みを帯びた大きめのグラスを用い、白ワインには底の細い、小さめのグラスを使うのにはわけがあります。 赤ワイン：240〜420ml 白ワイン：180〜240ml	お酒を召し上がらない方には、このグラスに炭酸水を注いでスライスしたフルーツを飾ってお出しすると喜ばれます。

PARTY SHOPPING LISTS

パーティー用お買い物リスト

「パーティーはいくらでもシンプルでカジュアルなものにすることができます。それはお出しする料理にだって言えること。ときには、季節によっても、パーティーの種類や場所が決まってきます。素敵なパーティーは、しっかり考えて計画すれば、それほど手間をかけなくても開くことができるんです」

MEXICAN COCKTAIL PARTY　メキシカン・カクテルパーティー

メキシコ料理のアボカドのディップ、ワカモーレは、誰もが大好きなお料理のようです。あのなめらかな舌触りと、コリアンダーの香りがたまらないのでしょう。キーンと冷えたビールとの相性も最高ですが、もしお好きなら、ぜひ、テキーラにライムの絞り汁とホワイトキュラソーを加えたカクテル、マルガリータをつくって大いに楽しんでください。

- □ よく熟れたアボカド
- □ レッドオニオン
- □ 摘み立てのコリアンダーの葉
- □ ライム
- □ コーシャーソルト（註：ユダヤ教でお清めを済ませた塩として販売されている）または、天然の粗塩
- □ トルティーヤチップス
- □ サルサソース —— トマト、グリーンチリ、マンゴーなど2、3種類の味のものを
- □ パシフィコビール
- □ お酒を飲まずに帰りに運転してくれるありがたい人

MUSIC　BGM

- □ 『天国の口 終りの楽園』サウンドトラック
- □ 『ティアトロ』ウィリー・ネルソン
- □ 『ジューゴ・ア・ラ・ヴィーダ』ロス・チュケイネス・ド・ティファナ
- □ メキシコ民族舞踊音楽の生演奏

GUACAMOLE—TRADITIONAL AND MODERN
ワカモーレのレシピあれこれ —— スタンダード＆現代風アレンジ2種

昔からあるスタンダードなワカモーレ：アボカドは種を取り除き、スライスします。次にそれを軽くつぶして、みじん切りにしたレッドオニオンとライムの絞り汁を混ぜ合わせます。最後に塩で味を調えればできあがり。

果物の風味たっぷりの激辛ワカモーレ：上記のワカモーレに、熟した洋ナシの乱切りと、1粒ずつ半分に切ったブドウ（紫色のもの）、ザクロの種、生のセラーノ（メキシコ産の小型唐辛子）のみじん切りを加えます。

しゃきしゃきスパイシー・ワカモーレ：スタンダードなワカモーレに、ラディッシュとハラペーニョ・ペッパーのみじん切りを加えます。

BONFIRE AT THE BEACH

たき火を囲んでビーチパーティー

私たちの辞書には、もっとも素敵な野外パーティーとは、青空の下、見渡す限り遮るもののない広々としたところで開くパーティーだと書いてあります(そのうえ、料理をしなくてよければ、もっと最高!)。マシュマロを刺して焼くための小枝集めも、お忘れなく。

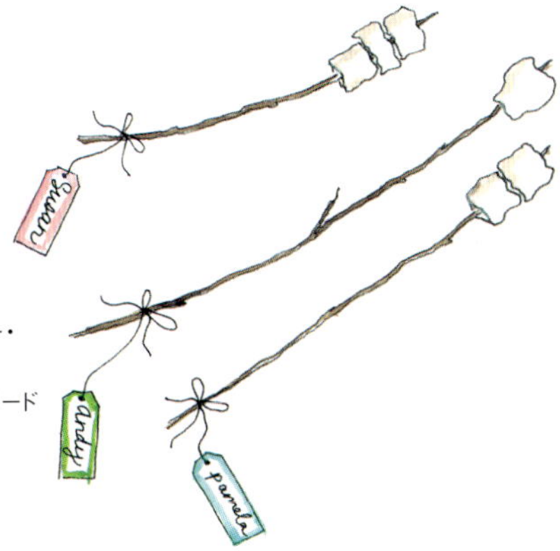

- ☐ ホットドッグ用のソーセージ
- ☐ ハンバーガー用のハンバーグ
- ☐ 上記2つのためのバンズ
- ☐ チーズ —— チェダーチーズ、スパイスのきいたモンテレー・ジャック・チーズ
- ☐ マスタード —— ボールパークマスタード、ディジョンマスタード
- ☐ ケチャップ
- ☐ とうもろこし
- ☐ キュウリのピクルス
- ☐ ポテトチップス
- ☐ マシュマロ
- ☐ ブルーベリーパイ
- ☐ 蛍光色のフリスビー
- ☐ 日の当たるさわやかな場所

MUSIC BGM

- ☐ 『ペット・サウンズ』 ザ・ビーチ・ボーイズ
- ☐ 『サンシャイン・ヒット・ミー』 バンド・オブ・ビーズ
- ☐ 『インビンシブル・サマー』 ケイ・ディー・ラング
- ☐ 波の音、かもめの鳴き声、そしてみんなの笑い声

GRILLED CORN ON THE COB THREE WAYS

焼きとうもろこしのレシピ3種

焼きとうもろこし:とうもろこしの皮を途中までむいてヒゲを取り除き、15分間冷水につけます。その後、皮を元に戻して、中火で約15分焼きます。表面においしそうな焦げができたらできあがり。ひっくり返しながら焼きましょう。

ハーブ風味の焼きとうもろこし:基本的には上と同じ作り方ですが、皮を元に戻す前に、良質のバターを適量載せ、刻んだ生のディルを散らしてください。

メキシコ風焼きとうもろこし:ボウルにおろしたメキシコのコテハチーズとバター、粉唐辛子を入れて混ぜ合わせます。ヒゲを取ったとうもろこしに先のペーストを塗って、皮を元に戻します。あとは同じように、ときどきひっくり返しながら焼いてください。ナプキンをたくさん用意しておきましょう。

デニス・ウィルソンはビーチ・ボーイズのメンバーでただひとり、実際にサーフィンをしていました •

JAPANESE SPRING DINNER FOR SIX

日本の春をイメージしたディナーパーティー（6人分）

新鮮なお寿司にお刺身、枝豆、冷酒……これ以上すばらしいものがあるでしょうか。さあ、日本料理屋さんに仕出しを頼みましょう! お寿司好きを招いて、さまざまな前菜やお寿司を注文するのです。デザートに抹茶のアイスクリームもお忘れなく。鮮やかな色のお箸は、テーブルを華やかに彩ります。アイスクリームは青磁のティーカップでどうぞ。

- □ 餃子（日本風ダンプリングを蒸したもの）
- □ ほうれん草のおひたし
- □ 枝豆
- □ ひじき（冷たい海藻サラダ）
- □ グリーンサラダ
- □ ハマチと青ネギの巻物
- □ エビとキュウリの巻物
- □ スパイシー・ツナ・ロール
- □ スパイダー・ロール（ソフトシェルクラブの太巻）
- □ ゴジラ・ロール（ヤンキース松井選手にちなんだ太巻）
- □ ドラゴン・ロール（うなぎを外に巻いた太巻）
- □ しょう油
- □ おろしたてのわさびとショウガの甘酢漬け
- □ 日本酒
- □ キリン、サッポロ、アサヒのビール
- □ 抹茶のアイスクリーム

MUSIC BGM

- □『メイド・イン・USA』ピチカート・ファイヴ
- □『レノン・レジェンド』ジョン・レノン
- □『Beauty』坂本龍一
- □『ヨシミ・バトルズ・ザ・ピンク・ロボッツ』ザ・フレーミング・リップス

HOW TO PICK UP YOUR STICKS

どうすればお箸を上手に持てますか?

まずは、お箸を1本、真ん中を持って持ち上げ、鉛筆のように持ちましょう。次にそのお箸を親指と人差し指で挟んで持つようにし、中指と薬指を添えます。それからもう1本のお箸を1本目のお箸と平行になるように差し込み、親指と薬指で安定させれば、ほら、簡単にお箸を持つことができますよ。

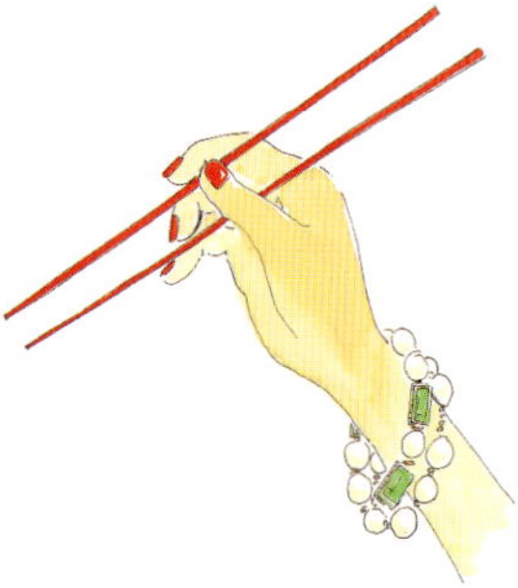

MIDNIGHT BREAKFAST FOR TWO

真夜中のブレックファースト（2人分）

夜遅くにダンスパーティーから帰ってきて、2人ともお腹がぺこぺこ。そんなときは、何か簡単なものを手早く（でも優雅に）つくって出すのがいちばんです。例えば、イクラを飾ったふわふわのスクランブルエッグなどはどうでしょう?　もっと簡単なものがよければ、バターとジャムを塗ったトーストと、それを流し込む冷たいビールだけでもOKです。

- □ 卵6個
- □ 国産のイクラ30g
- □ 食パン（耳なし）
- □ 無塩バター
- □ 冷えた白ワイン、プイイ・フュイッセ

MUSIC BGM

- □ 『ムーンライト・セレナーデ』 グレン・ミラー・アンド・ヒズ・オーケストラ
- □ 『プッティン・オン・ザ・リッツ』 フレッド・アステア
- □ 『ソー・トゥナイト・ザッツ・アイ・マイト・シー』 マジー・スター
- □ 『ミッドナイト・ヴァルチャーズ』 ベック（もしまだ踊り足りないなら……）

SCRAMBLED EGGS WITH SALMON CAVIAR

スクランブルエッグのレシピ —— イクラの飾りを添えて

ボウル（中）に卵を割り入れ、水または牛乳大さじ2、挽き立てのこしょう少々を加えて軽く溶きほぐします。フライパンにバター大さじ2を溶かし、ぶつぶつと泡が立ってきたら卵液を流し入れてかき混ぜます。じっくりと弱火にかけ、少しずつやさしく形を整えます。半熟状態になったら火からおろして（後は余熱で固まります）、いちばんよい磁器のお皿を2枚取り出し、半分ずつよそってください。あとはイクラをたっぷりトッピングして、バターを塗った熱々のトーストといっしょに召し上がれ。グラスに冷えたワインを注ぐこともお忘れなく。

"singles with a shimmy（屋根板にぷるぷる）"とはジャム付きトーストという意味のスラングです

MUSIC BGMを選びましょう

「招待客を上手に選び、おいしい食事とたっぷりの花、きらめくキャンドルを用意することは、心に残る感動的なパーティーを開くために欠かせません。でも、それらがすべて満たされていたとしても、流れている音楽がよくなければ —— テンポのよい、口ずさみたくなるような楽しい曲でなければ —— 失敗とは言わないまでも、完璧と言うには少し物足りないパーティーになってしまいます。私はBGMにはいつも、食事の間でさえも、陽気な曲を流すようにしています。お客さまの会話の妨げにならないよう気をつけながらも、パーティーが盛り下がらないないよう、ボリュームはそのままにするのです。もちろん、そろそろお開きにしたいと思うときに、ダンスソングをかけたりしてはいけません。でも、あまりにも落ち着いた曲を選ぶと、せっかくの楽しい雰囲気がしんみりしたものに変わってしまいます」

FAVORITE PARTY SONG MIX お気に入りのパーティー・ソング

『ヘヴィ・メタル・ドラマー』ウィルコ

『ユー・ビロング・トゥ・ミー』エルヴィス・コステロ

『アップ・ウィズ・ピープル』ラムチョップ

『ベスト・オブ・マイ・ラヴ』エモーションズ

『ワン・バイ・ワン・オール・デイ』ザ・シンズ

『ウー・ラ・ラ』フェイセズ

『ビューティフル・ヘッド』ザ・ナショナル

『ポリシーン・パン』ザ・ビートルズ

『シー・ケイム・イン・スルー・ザ・バスルーム・ウィンドー』ザ・ビートルズ

『いとしのセシリア』サイモン・アンド・ガーファンクル

『サウンド・アンド・ヴィジョン』シー・アンド・ケイク

『フィル・ユア・ハート』デヴィッド・ボウイ

『リズム・キング』ルナ

『ドゥービー・ストリート』ドゥービー・ブラザーズ

『フレンドリー・ゴースト』イールズ

『愛するヨーコ』ジョン・レノン

『シー』ザ・サンデイズ

『マデライン』ヨ・ラ・テンゴ

『ザ・ポリティックス・オブ・スウェイ』クリス・リー

『ウォーター・ノー・ゲット・エネミー』ディアンジェロ、フェミ・クティ、メイシー・グレイ、アンド・ザ・ソウルトロニックス（フィーチャリング・ナイル・ロジャーズ・アンド・ロイ・ハーグロウブ）

『メッセージ・オブ・ラヴ』ザ・プリテンダーズ

『ビッグ・イエロー・タクシー』ジョニ・ミッチェル

『レイジー・フライズ』ベック

『マイ・ベスト・フレンド』クイーン

『ドント・ストップ』フリートウッド・マック

SUGGESTED MUSIC FOR . . .

おすすめのBGM

MAY DAY SUNDAY BRUNCH

春の訪れを祝うメーデー（五月祭）の
ブランチ・パーティーには

『サンパティーク』ピンク・マルティーニ

『ディス・イズ……ボーモント』ボーモント

『ロマンティカ』ルナ

『ザ・ベスト・オブ・ビル・エヴァンス・オン・ヴァーヴ』ビル・エヴァンス

『ナンシー・ウィルソン・アンド・キャノンボール・アダレイ』ナンシー・ウィルソン・アンド・キャノンボール・アダレイ

GIRLS' POKER NIGHT

女の子だけのポーカー・ナイトには

『メイン・ストリートのならず者』ザ・ローリング・ストーンズ

『フィーバー・イン・フィーバー・アウト』ルシャス・ジャクソン

『聖なる館』レッド・ツェッペリン

『ブルース』ニーナ・シモン

『カー・ホイール・オン・ア・グラヴェル・ロード』
ルシンダ・ウィリアムス

BASTILLE DAY FÊTE

ちょっとおしゃれにパリ祭を祝うなら

『CQ』サウンドトラック

『コミック・ストリップ』セルジュ・ゲンズブール

『ザ・イエ・イエ・ガール・フロム・パリ』フランソワーズ・アルディ

『ミス・キット・トュー・ユー』アーサー・キット

『アメリ』サウンドトラック

「最近ではBGMはもっぱらCDチェンジャーを使って自動で流すことにしています。準備のときにまず、CDを5枚選んでおきます。そうすれば、最初のお客さまがドアの呼び鈴を鳴らしたときにプレイボタンを押した後は、その夜の終わり（もちろん、パーティーの種類によってはその昼の終わり）にストップボタンを押すまで、BGMを考える必要がありません。最初に流すCD（パーティーの雰囲気を決める曲です。つま先でリズムをとりたくなるような楽しいものを）と最後に流すCDは、あらかじめ決めておくとよいでしょう。私は陽気で楽しい雰囲気のものが大好きですが、パーティーの最後には、ゆったりとくつろげる曲を流してクールダウンさせることにしています」

SEATING

席順も工夫して

「誰もが楽しい時間を過ごせるような席順にしたいと思っています。また、いつも予想したとおりの席順ではおもしろくないので、知り合い同士が近くに座りすぎないようにも気をつけています。私はカップルを離れた席に座らせるのが大好きなんです。もちろん、どんなときでも2人をばらばらに座らせるのがよいと思っているわけではありません。例えば、そのカップルが私の家に来るのが初めての場合や、新婚さんならば隣同士か向かい合わせの席を用意しますし、少し不安そうにしているという場合でも、同じように気をつけています」

FROM WHERE I SIT...

私が座る場所からは

「私はいつも好んでテーブルの上席（註：テーブルのいちばん端）に座ります。そこからだと、パーティー全体が見渡せて、誰とも話さずに寂しい思いをしている人がいないかとか、ワイングラスが空になっている人がいないかとか、きちんと目を行き届かせることができるからです。アンディがそこに座るときは、その反対の端に座るようにしています。そうすると、テーブル全体でうまく会話のバランスがとれ、誰もが心地よく参加している気分になれるのです」

「テーブルの上席は、おもてなしをする女主人の席です」

エミリー・ポスト

PLACE CARDS

席札

「アンディも私も席札を用意するのが大好きです。小さな席札ホルダーを使うこともありますが、たいていは、テーブルやお皿の上にそのまま置いています。お客さまの名前を入れたクッキーをつくって席札代わりとすることもあります」

「着席式でのパーティーに独身の方をお呼びする場合は、同伴の方と隣同士で座れるようにしています。でも、ひとりで来られることもありますよね。そんなときは、気の合いそうな人の隣か、紹介したい人の隣に席を用意するようにしています」

招かれたお宅で席順が気に入らなかったときも、席札を交換しようなんて思わずに、気持ちのよいお客になろうと心がけてください。さあ、用意された席に座りましょう。

メル・ブルックスの映画〈命がけ！　イス取り大合戦〉では、12脚のイスのどれかにロシア貴族の宝石が隠されています

お客さまの席順を決めることは、チェッカー（註：チェス盤で行うゲームのひとつ）を指すよりは難しいでしょうが、チェスを指すよりは易しいことです。お客さまの個性を考え、パーティーが楽しいものになるよう、うまく考えましょう。後はただ、会話がとぎれないよう、ワイングラスが空にならないよう、気をつけていればよいのです。

BALANCING THE FUN
どのテーブルも楽しい雰囲気に

「テーブルを複数使う場合には、すべてのお客さまが楽しい時間を過ごせるような席順を考えます。そういうときは、明るく元気のいい人に分散して座ってもらうことで各テーブルに少なくともひとりは陽気なムードメーカーがいるように計らっています。お客さまが『あっちのテーブルがよかった』なんて思うことにだけは、絶対にしたくありませんから」

THE MALE PERSPECTIVE
男の視点

「もし、シャイで口下手な男の子がいたら、冗談やお世辞が言えるかわいい女の子の隣に席を用意します。この組み合わせはいつもうまくいくんです。男の子は自分の殻から出てきておしゃべりをしはじめ、女の子も楽しそうにしています」

アンディ・スペード

テーブルは、ひとりにつき
60センチの幅を確保しておけば、
まずまちがいはありません

ADJECTIVES ARE A BEAUTIFUL THING...
言葉ってすばらしい

どんなに慣れている人でも、パーティーを開くときはいつだって同じ悩みに直面しているものです。どうしたらマンネリでない、生き生きとした楽しいパーティーにできるだろうかって。そういうときは、いつもの席札にひと工夫してみるのもよいかもしれません。名前の代わりに、恥ずかしがり屋、おもしろい奴、好奇心旺盛、ちょっと浮気性、花の独身、鋭い洞察力、物静かなどと書いてみてください。2枚ずつ用意して、1枚は座席の上、1枚は1ヵ所に集めておき、お客さまにはそれぞれ自分のことだと思うカードを選ぶことで席を決めてもらいましょう。

WHEN THE OUT-OF-DOORS BECKONS

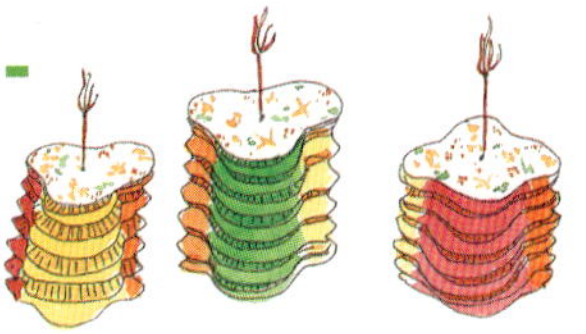

外の世界が呼んでいます

「もし充分なスペースがあるなら、季節など気にすることなく、1年中自宅でパーティーを開けます。でももし、自宅の広さに不安があるなら —— たいていのお宅はそうなのですが —— ぜひ外に出てパーティーを開いてみてください。蚊などが出るのを別にすれば（これについては何か対策を！）、屋外でのパーティーは、誰にでもできる最高のぜいたくです。屋内のパーティーよりもカジュアルにできますし、気が向いたときに仲間と開ける気楽さがあります」

OUTDOOR DINING MEANS...
屋外でのパーティーと言えば

日本の釣灯篭

プールでのんびり

日焼けを恐れないで

白いテーブルクロスをかけ、庭の花を飾ったピクニックテーブル

食事の合間にするバドミントン

カジュアルな服装

たくさんの小さくてシンプルなキャンドル

カーペットやカウチに飲みものがこぼれる心配はご無用

竹製の素敵なトーチ（虫を追い払う効果も）

暗がりで光るボールを使った、真夜中に芝生の上でするテニス

開け放した両開きのドアを通って、家の中から外へ

「野外で食事をするときに
カラフルな紙のランタンを
吊るすのが大好き。
ランタンは香港の市場や、
私の終の住処
ニューヨークで見つけられます」

INVITATIONS

招待状

「私にとっては、これがいちばん、これで決まり、という招待状はありません。本当にいろいろなタイプのものが好きなので、どれがいちばんかなんて決められないのです。でも、もちろんこだわりもあります。例えば、気のきいた誘いの言葉を載せ、美しい印刷を施した招待状ほど素敵なものはないと思っているように。招待をお知らせすること自体も楽しいのですが、見た人が思わずくすっと笑ってしまうような愉快な招待状を考えるのが大好きなのです。まじめ一辺倒ではなく、フォーマルとユーモアの要素を両方バランスよく兼ね備えた招待状にすることを心がけています」

SAVE THE DATE

この日をあけておいて

1年のうちに何回か、カレンダーがパーティーで埋まってしまう週がありますね。クリスマスや独立記念日のころなどは、特にそう。招待した人に必ず出席してもらいたいなら、パーティーの4〜6週前に、日時とともに「この日をあけておいてね」とひと言書いたポストカードを送るとよいでしょう。このような心づかいは喜ばれます。その後2週間前になったら、改めて正式な招待状を。

THE ESSENTIAL INVITE CONTAINS...

招待状に記すべきこと

招待状に何を記すかなんて、当たり前すぎると思われるかもしれません。でも、ばかにしているなんて思わないで。ときには、もっとも基本的なことを忘れていることもあるんです。

パーティーの種類

日時

場所

主催者

出欠を知らせてほしい旨

特別なお祝いや目的で催すものなのかどうか

何か持っていく必要があるのかどうか。特に、バースデーパーティーやベビーシャワーの場合には、このお知らせはとても重要です。

服装についての連絡や個人的な連絡も必要であれば……

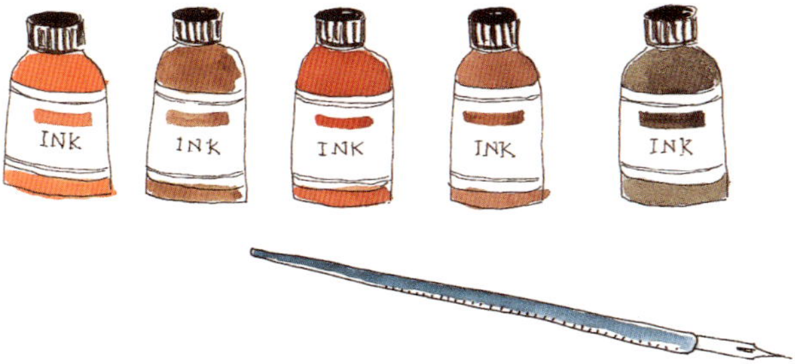

TYPES OF INVITATIONS
招待の伝え方いろいろ

口頭で

手書きで

印刷で

二つ折りのカードで

メッセージカードで

「もうずいぶん昔、ケイトが意を決して初めてフルコースのディナーパーティーを開こうとしたときのこと。僕は異物をのどに詰まらせた人に施す応急救命処置の仕方を説明したポスターを模してカードをつくり、招待状にしました。そして、『ケイトの初めてのディナーパーティーにご招待します』と書いたステッカーで封をしたのです」

アンディ・スペード

AS FOR INVITATIONS SENT BY FAX AND E-MAIL...
ファックスやEメールで知らせるなら

忙しくて招待状を送る余裕がなかったり、日時が迫っているようなときには、ファックスやEメールで知らせるよりも、電話で伝えたほうがよいでしょう。そのほうがずっと心がこもって感じられます（ただし、もし相手が留守でも、留守番電話にメッセージを残すのはやめましょう）。

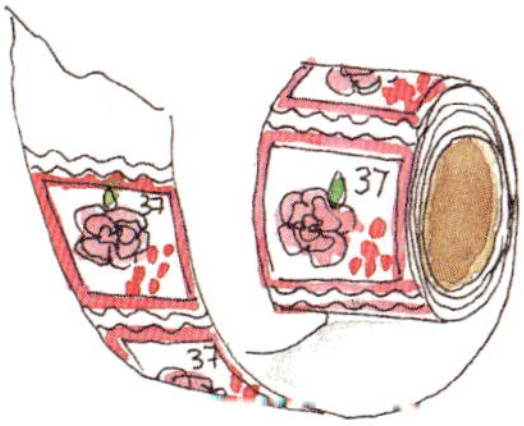

招待状に「出欠のお返事をください」と書いて送ったなら、パーティーには、出席と返事をくれた人の1〜2割増しぐらいの方々がお見えになるでしょう。もし何も書かなかった場合には、出席者は招待状を送った人数の3分の2と見積もっておくとよいと思います。

毎年3000通を超える結婚式の招待状が、ウィスコンシン州にある小さな町ラッキー（Lucky）から投函されているのだそうです

DRESSING THE PART

ふさわしい装いをしましょう

「私にとってパーティーを開いてお客さまをお招きするのは、とっておきの服を着る絶好のチャンス。招く側は雨や雪の中を出かけたり、歩いたりしなくていいので、当日の天気や移動手段を気にすることなく、純粋にいちばん着たい服を選べます。ですから、私はパーティーを開くときはいつも、ハイヒールを履いて、色鮮やかで華やかな装いをしているのです」

MY "RULES" FOR DRESS-UP

ケイト流ドレスアップの「ルール」

1. 大好きな色を着る
（お気に入りの色はそのときどきで変わります）
2. アクセサリーは効果的に……
一生懸命工夫して!
3. 何より身につけて心地よいものを

パーティーですもの ——
大胆な帽子をかぶって!
きらめくリングをつけて!
そして笑顔を忘れずに。

QUESTION

どんな服を着たらよいでしょうか?

ANSWER

何でも、あなたの好きなものを。

女主人には、輝く宝石や上等のシルクで身を飾る特権があるのです。
靴も心ときめく素敵なものを履きましょう。

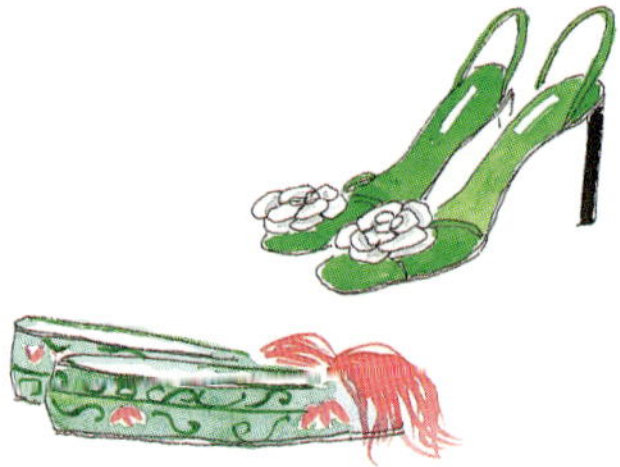

WHEN THE HANDS ON THE CLOCK MOVE FROM 9 AM TO 7 PM...

時計の針が午前9時から午後7時へと動いたら

一日中オフィスで仕事。パーティー前に着替える時間がない、そんな日には「切り換えがきく」コーディネートを考えましょう。例えば、とっておきの黒のパンツに上質の白いシャツを合わせ、靴はローファーを選びます。そしてパーティーに向かうときに、ほんのちょっとしたアレンジを加えるのです。フラットなローファーは脱ぎ捨てて、つま先に大きな花をあしらった光沢のあるバックストラップシューズに履き替え、ドロップタイプのイヤリングをつけて。最後にボリュームのあるネックレスをプラスすれば、ほら、おしゃれなパーティースタイルのできあがりです。

友人や親類が大勢集まるパーティーに出るんですって？ 招待状に「盛装で」と書いてあるなら、クローゼットの中を探してみてください。買ったまま一度も着ていない、けれど大好きなドレスがあるでしょう？ 例えば大胆に背中が開いた、目の覚めるような青緑色のシルクのドレスが。さあ、いよいよ出番がきましたよ。

THE VERSATILE SHEATH

着回しのきくシンプルなワンピース

オーソドックスでシンプルなワンピースはどんな体型でも美しく見せてくれます。しかも、おしゃれなパーティーからごく軽い集まりまで、ほとんどどんな場面にも着回しのきく理想的なデザインです。アクセサリーや小物をうまく使って、あなたらしく着こなしてください。

アクセサリーはどうすれば？ —— このタイプのドレスに似合うのは、なんといってもネックレスです。パールでもかまいませんが、1連よりも重ねづけを。他にも、存在感のあるチャームの付いた大ぶりで短いものや、美しい色石をあしらったものなどを試してみて。透明のビーズでつくったものなら、ドレスや髪の色も選びませんし、キャンドルの光に照らされて一つひとつの粒がきらめき、よく映えます。

足元はどうすれば？ —— 大胆にいきましょう。普段履かないハイヒールを履いてみるなど、遊び心をもって、優雅に、思いきり冒険してみて。リボンやラインストーン、花のモチーフをあしらった靴が素敵です。もちろん、素材はやわらかな革や丈夫なシルク（ストライプ地だってOK!）。すべてがパーティー気分を盛り上げてくれます。

では、ハンドバッグはどうすれば？ —— 小さくてシンプルなものや、小さくておもしろいもの、小さくてかわいらしいものを選びましょう。普段のバッグは家に置き、必要なものだけを入れるバッグを持っていきます。

『ドレッサー』は1982年のトニー賞最優秀作品賞にノミネートされました

THE GOOD HOSTESS

理想的なおもてなし

「これ以上はない最高のおもてなしとは、お客さまに対するさり気ない心づかいのことではないでしょうか。例えば、誰にも気づかれないうちにワインをもう1本開けてお出しするというようなこと。私はいつも、誰の目にも留まることなく、パーティーのお世話をすることができたときに、この上ないうれしさを感じるのです」

HELPFUL HINTS . . .

役に立つヒントを少々

1に準備、2に準備、3に準備です！　このモットーを繰り返し唱えることができる人なら（もちろん心の中で）、気ぜわしい思いをすることなく、お客さまとの夜を楽しむことができるはずです。

お客さまが到着する1時間前には、シャワーを浴びて着替えておきましょう。これは、注意深くパーティーの用意をする人でも忘れがちです。

パーティーの2、3日前に花瓶やボウル、鉢などを取り出しておくと、当日の仕事が減って気持ちが楽になります。水滴の跡などの汚れが残っていないか、確かめてください。埃がついている場合は、やわらかい布で拭き取っておきましょう（水滴などの跡を取るには、ホワイトビネガーを溶かしたお湯に一晩つけておくとよいでしょう。レモンの絞り汁でも同じ効果が得られます）。

すべての用意ができたら最後にもう一度、ハンガーの数が足りているかどうか、タオル、灰皿（必要ならば）が用意できているかどうかを確認しましょう。

お客さまにとって快適な環境を整えておくことが大切です。ペットにはできれば離れていてもらいたいと思っている人は多いものです。猫の場合はたいていインターホンが鳴ると同時に逃げていくので問題ないのですが、犬の場合は、飛びついたりしないようにしつけておく必要があります。

もしカクテルパーティーで給仕係を雇っているとしても、自分でもオードブルのお皿を持ってお客さまの間を回ることを忘れないで。たくさんのお客さまとお話をするよい方法なのですから。

お客さまがお見えになったら、キッチンに引っ込んでいてはいけません。15分以上、姿を見せないことのないように。お客さまはあなたに会いにきたのであって、お料理を食べにきたのではないのです。たとえとびきりおいしい仔牛のスカロッピーネ（註：薄切り肉をソテーまたはフライにしたイタリア料理）をご馳走するためだったとしても、お客さまを放っておくのはとても失礼なことです。

FOREWARNED IS FOREARMED
備えあれば憂いなし

お客さまの人柄と食べものの好みを知っておきましょう。パーティーが終わったら、日付や料理、出席者の名前などを、いつも記録するようにするのです。それぞれのお客さまの好き嫌いについては、特に注意して書きとめておきましょう。食物アレルギーについての記入は絶対に忘れずに。

「パーティーをお開きにするには、
テーブルの上を片づけはじめるのがいちばんのようです。
でも、お客さまがお皿を洗うと申し出てくださったときには、
私は『気にしないで、そのままにしておいてね』と
言うようにしています」

A PARTICULARLY PLEASING PET
人好きのするかわいいペット

「私は愛犬ヘンリーとはどんなときでもいっしょ。家でも、オフィスでも、ショッピングでも、いつもそばで自由に放してやっています。カクテルパーティーでも、ディナーパーティーでも、ヘンリーがパーティーを喜ばなかったことは一度もないのです（ありがたいことに、私の友人たちは、ヘンリーといっしょにいることを楽しんでくれます）。でも、もし私の犬がヘンリーでなかったなら……やっぱり、お客さまに迷惑をかけたりしないか、心配するでしょう」

パイナップルは、長い間、おもてなしの気持ちを表す果物でした。とても高価で、手に入りづらかったからです。テーブルの上にパイナップルが飾ってあることは、お客さまを大切に思っているしるしでした。

IS THERE A DIPLOMAT IN THE HOUSE?
腕の見せどころ

大人のためのパーティーで子どもたちをどうするかは、とてもデリケートな問題です。あなたはもちろん、自分の子どもも参加させたいでしょうが、お客さまからすればどうでしょう？ さあ、判断力をはたらかせて。交際上手なお母さんになってください。しっかりと状況を見極めることが大切です。

THE GOOD GUEST

素敵なお客さまとなるために

「パーティーで客としてどう振る舞えばよいのかは、誰かに教わるというよりも経験とともに、身につくことだと思っています。例えば、どんなに女主人とおしゃべりをしたくとも、彼女を独り占めしてはいけないことを、私はパーティーに招かれているうちに知るようになりました。というより、自分がパーティーを開いたときに、ひとりのお客さまとばかりおしゃべりしているわけにはいかないと気づいたのです。私は、招かれたときにはいつもこのことを思い出して気をつけています」

花をプレゼントするなら、あらかじめ届けておくのが、もっとも心配りのできた贈り方です。

もしパーティーが大皿料理を取り分けて食べるような形式のもので、ケータリング業者を用いていないのなら、お手伝いしましょうかと声をかけて。でも、もしそこでやんわりと断られれば（そしてキッチンから追い立てられれば）、無理に手伝うのではなく席に戻って皆とおしゃべりして待ってください。

その場の皆と仲良くおしゃべりをすることはぜひとも習得すべき技術です……上達には練習あるのみです。

ペットに関するエチケット：他の人のペットにこっそり食べものを与えたりしてはいけません。特にカクテルパーティーでは気をつけてください。人間の食べものの中には犬のお腹には合わないものがありますし、もし手羽先などを飲み込んでしまえば、骨がささってパーティーが中断されることにもなりかねません。

素敵なお客さまは時間に対する観念もしっかりしているものです。パーティーに到着する時間と同じように、おいとまする時間もちゃんと心得ておきましょう。

FASHIONABLY LATE　遅刻はどのくらいまでなら許されるもの？

カクテルパーティーなら、遅刻もそれほど問題になりませんが、自宅で開くディナーパーティーに招待されたときには、次の表を心に留めて気をつけてください。

15分遅れ —— 何も聞かれません。

30分遅れ —— 片方の眉、もしくは両眉をぴくりと上げられるでしょう。

45分遅れ —— やってしまいましたね。

60分遅れ —— 今シーズンはもうお声がかからないと思ってください。ただひたすら謝って。

たばこを吸っていいか、いけないかは、「マッチやライターに火をつけたときに、友だちの顔を見て判断します。大丈夫そうなら吸って、迷惑そうならやめましょう」

エイミー・ヴァンダービルト

HOSTESS GIFTS I LIKE TO GIVE . . .

私のお気に入りのおみやげは

木のボウルに熟れた
美しい桃をたくさん盛り、
淡いグリーンのリボンをかけて
おみやげにしてはいかが?

ワイン1ケース(「これがお気に召さない人はいないと思いますよ」)

『ナショナルジオグラフィック・アトラス・オブ・ザ・ワールド』

1シーズン分のテニスボールまたはゴルフボール

CD ── 新しい音楽を紹介するようなもの。例えば、サフジャン・スティーブンズの『グリーティングズ・フロム・ミシガン:ザ・グレート・レイクス・ステイト』など

地元の園芸店で買った最高品質の球根(フサザキスイセンもしくはアマリリス)を白い陶器の鉢に入れたもの

モノポリー(「今でもやっぱりお気に入り」)

小さくてシンプルなキャンドルをおもしろみのある個性的なキャンドルと合わせて

時を経てなお色あせないインテリアデザインの名著(デービッド・ヒックスの『リビング・ウィズ・デザイン』やエミリー・ポストの『ザ・パーソナリティ・オブ・ア・ハウス』はぜひ持っておきたい)

「花を贈るのが大好き」

試飲用のミニチュアボトルのシングルモルトのスコッチを、
おあつらえむきのショットグラスのセットといっしょに贈っても素敵です

「まじめすぎないことが大切！」

1970年代、高級デパートのニーマン・マーカスは、すべてをチョコレートでつくったモノポリーを600ドルで販売していました

SURPRISES AND DISASTERS

突然ハプニングが起こったときも　～驚くようなことでも、災難であっても～

「まったく、その心づかいには感心しました。何年も前、両親がカクテルパーティーを開いたときのことです。お招きした友だちのひとりが誤って真っ白なカウチに赤ワインをこぼしてしまったんです。お客さまは皆凍りつきましたが、母は笑って気にしないでと言いました。そして自分のグラスのワインを同じようにカウチにこぼしたのです。皆の緊張が一瞬にして解けました。パーティーはすぐに、元どおりの楽しい雰囲気に戻ったのです」

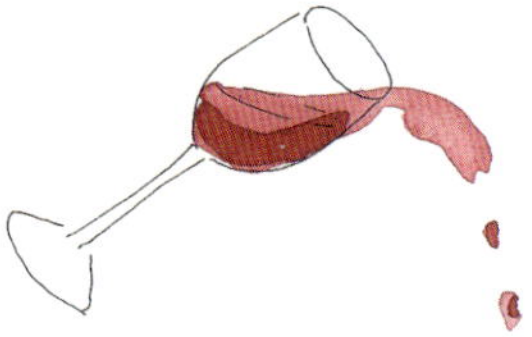

REMOVING RED WINE
赤ワインのしみを取るには

お客さまが帰られたら、さあ、ワインのしみを取る時間です。しみのついたテーブルクロスやナプキンが丈夫な生地でできたものなら、その部分に塩を塗り、よくこすってください。そのまま5分置いた後耐熱ボウルにしみの部分が真ん中にくるようにして布地をかぶせ、動かないように輪ゴムで留めます。そして30センチほど上からしみに向かって熱湯を注ぎ、消えるまで何度も繰り返してください。

「ときどき『予期せぬお客さま』がおいでになることがあります。もちろん、そんなときのために、いつも部屋を用意し、笑顔でお迎えしているのですが、ここだけの話、どうして事前に電話をくれないのかしらと、いつも思ってしまいます」

A "BORROWED" COCKTAIL NAPKIN
もしナプキンを「借りてきて」しまったら

お呼ばれしたお宅のナプキンをついうっかりポケットに入れて持って帰ってきてしまったら、どうしていますか（私の夫はよくこれをやってしまうんです）！　洗濯してアイロンをかけ、短い手紙とともに返しましょう。お詫びのしるしにナッツの缶などを添えるのも忘れずに。

パーティーで誰かがワイングラスやお皿を割ってしまったときは、できるだけ素早く取り替えましょう。そしてあなたのほうから微笑み、気にしないでねと言葉をかければ、その場はすぐ和やかな雰囲気に戻ります。それがいちばん効果的な応急処置です。

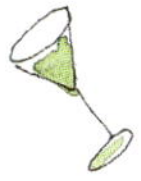

THE GUEST WHO WON'T SAY GOOD-BYE

なかなかお帰りにならないお客さまには

なかなかお帰りにならないお客さまにお帰りを促すには、それとないしぐさや言葉が役に立ちます。それでもまだ飲み続けているなら、難しいお世話はご主人やボーイフレンドにまかせて、あなたはグラスやお皿、ナプキンなどの片づけを。

TOO MUCH WINE

お酒が過ぎた場合には

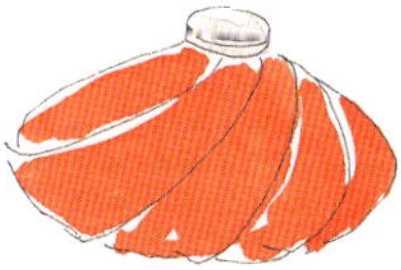

酔っぱらったお客さまも陽気で楽しそうにしている場合には、何も問題はありません。でももし、説教をしたり、くだを巻きはじめたりしたら、さあ、ドアの外までお見送りを！

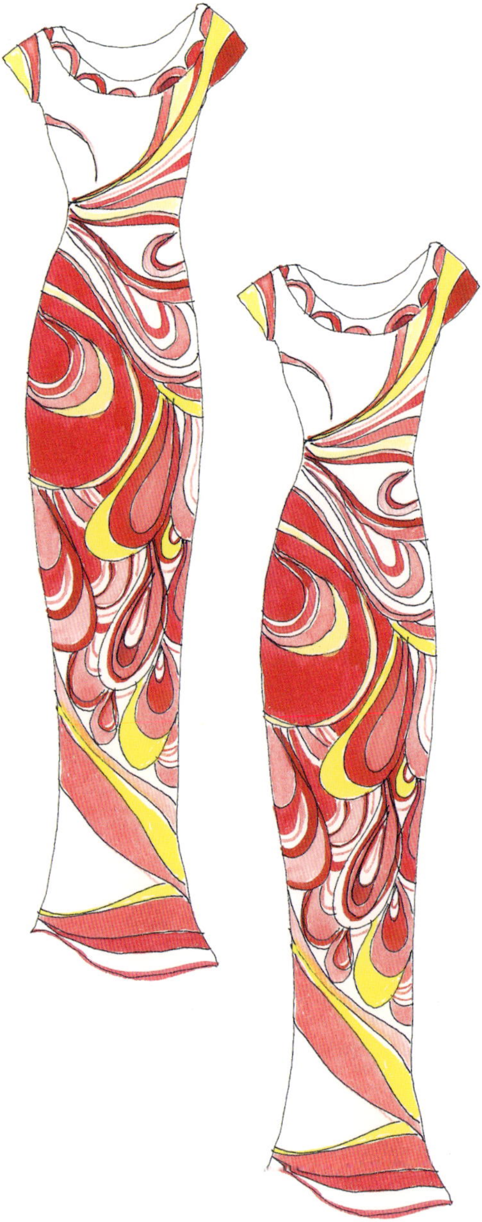

「これはある友だちが、正装して出席しなくてはならないニューヨーク近代美術館のオープニングセレモニーに招待されたときのエピソードです。大枚をはたいて素敵なドレスを買い、当日うっとりと華やいだ気分で会場に行くと、なんとその中にまったく**同じドレス**を着た女性が。彼女は最初、本当にがっかりしたらしいのですが、次の瞬間にはできるだけ頑張ろうと思い直し、お互いに素敵なドレスねって褒め合ってあいさつをしたんですって。本当にそんなときは、いったいどうしたらよいのでしょう?
やはりこれ以上の解決策はないでしょうね」

AVALANCHE À TABLE
テーブルの上で雪崩が起きたら

お客さまが料理に塩を振ろうとしたら、塩入れのふたがマッシュポテトの上に落ちてしまった——そしてその上には塩が雪崩のように……。そんなときは、すぐに新しい料理をお渡ししてお詫びを言い、お客さまが照れ隠しに奮闘しなくていいようにしてあげてください。問題の塩入れはそっと下げておきましょう。

TROUBLE IN PARADISE
極楽特急

6人でディナーパーティーを楽しんでいるときに、いきなり新婚さんの喧嘩がはじまってしまったら（しかも超特急で大喧嘩に発展していってしまったら）、いったいどうしたらよいでしょう？　もし、それが聞こえないふりのできないようなものだったら、できるだけ優雅に如才なく対処しなければなりません。2人には少しの間、席を外してもらい、話し合うことをすすめましょう。そしてあなたは、すみやかにパーティーを再開させてください。

社交的な人でも、**思いがけず自分のバースデーパーティーを開いてもらったとき**には、思わずひるんでしまうものです。つい、こんなことしなくてよかったのに、などと気を抜けさせるような言葉を口にしがちですが、パーティーを開いてくれた人たちの気持ちを考えてみてください。さあ、ロウソクの炎を吹き消して、パーティーを楽しみましょう。

CHOCOLATE SOUP
チョコレートスープ

キッチンでは、あなたの焼いたチョコレートスフレが、失敗とは言わないまでも、きちんと膨らまずにできあがってしまいました。味のほうはとてもよくできているのですが。そんなときは、そのままかわいいスープ皿に入れて、スプーンを添えて笑顔でお出しして。

SECTION TWO

Tried 'n True Party Standards

役に立つパーティーメニュー

カクテルパーティー ・ 準備をしましょう ・ カクテルレシピ

シェイクして、ステアして、注いで……そしてお出しして ・ 最高のマティーニ

シャンパンとコニャック ・ ワインってすばらしい ・ ビールも、もちろん忘れないで

オードブルを用意しましょう ・ アラカルトでも、着席式でも、ケータリングでも

ディナーパーティー ・ ディナーパーティーのチェックリスト ・ 趣向を凝らしたディナーパーティー

素敵な乾杯のあいさつとは ・ ディナーパーティーのトリビア ・ 週末のパーティー

申し分のないお客さま用寝室 ・ 郊外での週末の過ごし方

COCKTAIL PARTIES

カクテルパーティー

「どのタイプのパーティーがいちばん好きか、あえて選ばなければならないとしたら、いろんな面から見てカクテルパーティだと答えるでしょう。カクテルパーティーなら、仲のよい友人を招いたうえで、新しく知り合いになった人たちを招待できます。これは、少人数で開く着席式のディナーパーティーではなかなかできないこと。それに、カクテルパーティーでは人数が多くて広い場所を使う分、家中をキャンドルや花で飾る楽しみもあります。お出しするカクテルや料理は、自分でつくるよりもケータリングを使うほうが好きです。お客さまと会話する時間が長くもてますから（ちなみに、1回のパーティーで使うケータリング会社は1社に絞ったほうがよいですよ）。でも、もっと正直に言えば、キッチンに出たり入ったりしていては、私自身がパーティーを心から楽しむことができないからなのです」

PRE-PARTY PREPARATIONS

準備をしましょう

- □ ジュースや清涼飲料水、ミネラルウォーターなどを冷やしましょう
- □ グラスに水滴の跡が残っていないかどうか調べましょう
- □ 使いやすいアイストングを手近なところに用意しておきましょう（アイスペールから手づかみで氷を取る人がでてこなくてすみます）
- □ もし、ピニャ・コラーダやネグローニなど、その日のメインとなる飲みものを用意しておくつもりなら、事前にピッチャーにたくさんつくっておきましょう。よく冷やしておくことを忘れずに
- □ ワインを出すなら、オードブルの風味を損なわない味のものを、赤と白それぞれ用意するのがよいでしょう
- □ ワインははじまる前に半数ほど栓を開けておきましょう。パーティーの途中で、栓を開けるのに手間取ってお客さまをお待たせせずにすみますし、赤ワインの香りや味わいをまろやかにする効果もあります。そして、お客さまがお見えになる頃合いで、コルクで軽く栓をしてテーブルの上に並べます。白ワインは冷やしておくのをお忘れなく
- □ レモンやライムはスライスし、マティーニ用にパールオニオンも用意しておきましょう
- □ 遅くまで残っていた方は、帰る前にコーヒーを1杯飲みたいと思うものです。パーティーがはじまる前に、コーヒーメーカーとコーヒーカップを用意しておきましょう

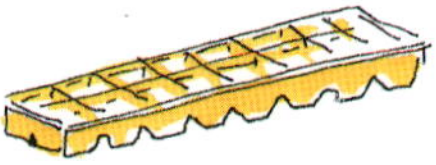

ウオッカを直訳すると、
『愛しくてかわいい水』という
意味だそうです

PRACTICE MAKES PERFECT

『習うより慣れろ』

カクテルづくりは、自分の得意なものを完璧にマスターすることからはじめると、どんどん上達します。

DON'T CLAM UP...
IT'S ONLY A COCKTAIL PARTY
貝のように口を閉ざさないで……
気楽なカクテルパーティーなんですから

カクテルパーティーでは話し上手な人がいてどのスペースでも会話が弾んでいると本当によいのですが、たいていの場合そううまくはいかないようです。簡単な話題ばかり取り上げようとして話が尽きてしまっているのではないでしょうか？　職業は何か（これは比較的おもしろい話題ですね）、結婚は、子どもは（こういった、「はい」、「いいえ」で答える話題はすぐに終わってしまいます）、そしてお決まりの天気の話（永遠に退屈なテーマですよね）。たとえ自分が話下手だと思っていても、人を避けてカナッペを選ぶふりをする必要なんてないのです。もっと気軽に、お互いに話しかけて。

WHEN MAKING COCKTAIL PARTY SMALL TALK...
カクテルパーティーでのおしゃべりでは

ユーモアを忘れずに

自分を偽って楽しそうに振る舞ったりしないで

自己紹介をしましょう

他の人の話に興味を持って、ぜひ質問して

共通の関心事を探しましょう

いろんなグループに積極的に混じって

政治の話は避けて、映画やレストラン、旅行の話などを

情報は少しずつ（一度にまくし立てて相手を閉口させないよう気をつけて）

自信を持って堂々と

BAR BASICS
揃えておきたい材料や道具

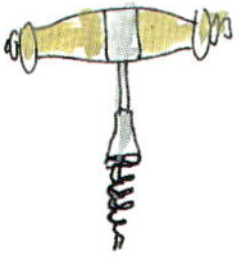

ウオッカ
ジン
スコッチ
ウイスキー
ラム
ドライベルモット
スイートベルモット
バーボン
テキーラ
ローズ社のライムジュース
トリプルセック
炭酸水
トニックウォーター
トマトジュース
（もしくはブラッディ・マリー・ミックス）
西洋わさび
アンゴスチュラビターズ
グレナディン
カクテルオリーブ
パールオニオン
レモン、ライム
マドラー、シェイカー、ストレーナー

小さな紙パラソルを飾ると、カクテルが華やかになりますよ。特にカリブ海をイメージしたブランチにおすすめです。

その昔、バルバドス島では、ラムは「キル・デビル」と呼ばれていたそうです。

「hair of the dog」とは、犬に噛まれたときに、その犬の毛を患部に当てたら治るという迷信から来た言葉で、二日酔いを治すための迎え酒という意味ではありませんでした

MIXED DRINKS カクテルレシピ

基本的なカクテルのつくり方をマスターしたら（上達には練習あるのみです！）次は美しい注ぎ方を習得しましょう。

VODKA ウオッカベース

ブラック・ルシアン
ウオッカ60mℓ、カルーア30mℓ

コスモポリタン
シトロンウオッカ60mℓ、トリプルセック7.5mℓ、ライムジュース7.5mℓ、クランベリージュース7.5mℓ

シー・ブリーズ
ウオッカ45mℓ、クランベリージュース60mℓ、フレッシュグレープフルーツジュース60mℓ

スクリュー・ドライバー
ウオッカ60mℓ、フレッシュオレンジジュース150mℓ

ブラッディ・マリー
ウオッカ60mℓ、トマトジュース120mℓ、西洋わさび小さじ1/2、ウスターソース、タバスコ、塩、こしょう、セロリソルト、飾り用のセロリの茎

ハーベイ・ウォールバンガー
ウオッカ60mℓ、オレンジジュース120mℓ、ガリアーノ（註：バニラの香りの黄色いリキュール）30mℓ

ブルショット
ウオッカ60mℓ、冷製ビーフコンソメスープ120mℓ、ウスターソース、タバスコ

GIN ジンベース

ギムレット
ジン60mℓ、ライムジュース15mℓ、くし形に切ったライム（飾り用）

トムコリンズ
ジン60mℓ、フレッシュレモンジュース30mℓ、砂糖小さじ1、炭酸水90mℓ

クラシック・マティーニ
ジン90mℓ、ベルモット1振り、カクテルオリーブまたはパールオニオン（飾り用）

ネグローニ（ドライ）
ジン30mℓ、ドライベルモット30mℓ、カンパリ30mℓ、ライム（飾り用）

シャディ・グローヴ
ジン45mℓ、レモン汁1/2個分、粉糖小さじ1、ジンジャービアー

RUM ラムベース

ボストン・サイドカー
ラム23.5mℓ、ブランデー23.5mℓ、トリプルセック23.5mℓ、ライムの絞り汁1/2個分

ダイキリ（フローズン）
ライトラム60mℓ、トリプルセック大さじ1、フレッシュライムジュース45mℓ、砂糖小さじ1、細かく砕いた氷1カップ

モヒート
砂糖小さじ1、フレッシュライムジュース7.5mℓ、ハバナクラブ・シルバー・ドライ45mℓ、ミントの葉、炭酸水60mℓ

ピニャ・コラーダ
ライトラム60mℓ、ココナッツクリーム60mℓ、パイナップルジュース120mℓ、生のパイナップル（飾り用）

SCOTCH スコッチベース

ロブ・ロイ

スコッチ60mℓ、ドライベルモット23.5mℓ、スイートベルモット23.5mℓ

ラスティ・ネイル

スコッチ23.5mℓ、ドランブイ（註：スコッチベースのリキュール）7.5mℓ

TEQUILA テキーラベース

マルガリータ

テキーラ45mℓ、トリプルセック15mℓ、フレッシュレモンジュースまたはフレッシュライムジュース30mℓ

フローズン・マンゴー・マルガリータ

ホワイトテキーラ90mℓ、皮をむいてさいの目状に切ったマンゴー1 1/2カップ、コアントロー30mℓ、フレッシュライムジュース60mℓ、細かい粉糖大さじ3、細かく砕いた氷2カップ

テキーラ・アンド・トニック

テキーラ90mℓ、ライムの絞り汁1/4個分、トニックウォーター120mℓ、ライム（飾り用）

テキーラ・サンライズ

テキーラ60mℓ、フレッシュオレンジジュース120mℓ、グレナディン30mℓ

SHAKE, STIR, POUR . . . AND SERVE

シェイクして、ステアして、注いで……そして、お出しして

実は、カクテルをつくるときに役立つちょっとしたコツがあるんです。基本をマスターすれば、きっとうまくつくれるようになって、お客さまにも喜んでもらえるはずです。

- 「強いお酒」がよいとは限りません —— レシピよりも多くお酒を入れるのはおすすめできません。味が損なわれますし、たくさん召し上がったお客さまは、明くる日には、あなたの「気前のよさ」に悩まされるでしょう。

- 「1滴」と「1振り」のちがいを知りましょう。ちがいがわかるお客さまはかなりの通です。

- 泡を壊さないように —— トニックウォーターや炭酸水を入れてつくるときは、ステアしすぎないよう気をつけて。泡が消えてしまっては台なしです。

- シェイクするときには、落ち着いて姿勢よく —— お馴染みの、セパレートタイプのシェイカーを使ってつくる場合は、容器の部分（ステンレスかガラス製のもの）に材料を入れてふたを閉めたら、左右ではなく上下に、よくシェイクしてください（ここで力を入れすぎると、氷のかけらがカクテルの中に入ってしまうので注意）。注ぐときは、金属製のストレーナーを使いましょう。

- 氷はいくら用意しても、しすぎるということはありません —— 家庭の冷凍庫でつくると、ごみや埃が入ったり、臭いが移ったりするので、市販の氷を買いましょう。どうしても家でつくりたいなら、パーティーの2、3日前になってからつくりはじめてください。どちらにしても、純水や蒸留水を用いたものであることが大切です。

- ダーティー・マティーニは別として、ふつうは白く濁ったマティーニを飲みたいと思う人はいないでしょう。マティーニをつくるときには、お酒と氷を入れたらステアするだけで、決してシェイクはしないようにしてください。シェイクすると、氷が砕けて飲みものに入り、それが溶けてマティーニに白い霧をかけてしまうのです。

- ビールをお客さまに注ぐときは、お待たせしないよう、先に栓を抜いてから声をかけましょう。

COCKTAIL CONCOCTIONS
カクテル

アメリカン・ビューティー・カクテル
ブラッディ・マリー
ボストン・サイドカー
ダム・ザ・ウェザー・カクテル
ダークン・ストーミー
ジン・シング
インカム・タックス・カクテル
キス・イン・ザ・ダーク
マグノリア・メイデン
マンハッタン
マルガリータ
なんといってもマティーニ!
ピンク・スクァーレル
リッツ・フィズ
ラスティ・ネイル
シンガポール・スリング
スティンガー
サラブレッド・クーラー
ウオッカ・アンド・トニック
ウイスキー・デイジー
ウイスキー・キス
ゾンビ
…その他、流行のもののチェックも忘れずに

ERNEST HEMINGWAY'S DEATH-IN-THE-AFTERNOON COCKTAIL
アーネスト・ヘミングウェイが愛した「デス・イン・ザ・アフターヌーン・カクテル」

友だちを呼んで、シャンパングラスにアブサンを45㎖ずつ入れ、シャンパンを縁まで注いだらできあがりです。フライフィッシングの話でもしながら、3杯、4杯、いえ5杯でも、ゆっくりと心ゆくまで楽しんではいかが?

BENNY GOODMAN'S ADMIRAL COCKTAIL
スウィングの王様ベニー・グッドマンが愛した「アドミラル・カクテル」

バーボンとドライベルモットを1:2の割合で注ぎ入れ、レモンの絞り汁1/2個分を入れて、キューブ形の氷とともにシェイクします。グラスに注ぎ、レモン・ツイストを縁に飾ったらできあがりです。

CRANBERRY COOLER (VIRGIN)
クランベリー・クーラー(バージン)

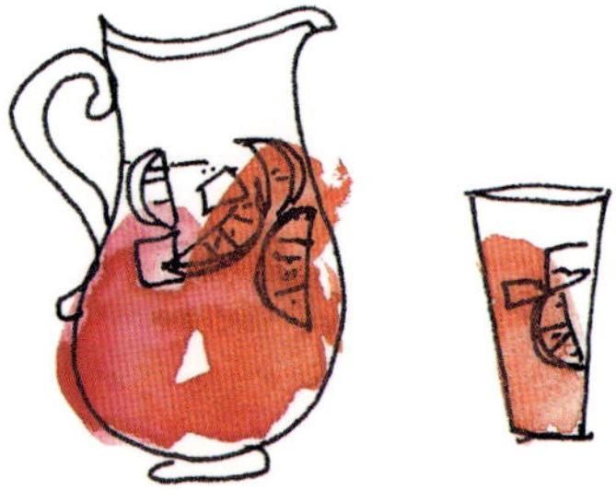

甥っ子とバドミントンを楽しんだ後にいかが?

クランベリージュース150㎖

ライムの絞り汁大さじ1/2

炭酸水　ライム(飾り用)

氷を入れたコリンズグラスにクランベリージュースとライムの絞り汁を注ぎ、炭酸水を入れてステアし、ライム・ツイストを飾って。炭酸水の代わりに60㎖のウオッカを入れれば、大人の飲みもの「ケープ・コッダー」に大変身!

SNOWMAN
スノーマン

ライトラム60mℓ

レモンジュース60mℓ

シロップ小さじ1

パイナップル・カット
3切れ

すべての材料をミキサーに入れたら、アイスピックで割った氷を少量加えてスイッチを押します。材料がしっかり混ざって冷たくなったらできあがり。冷やしたカクテルグラスに注ぎましょう。

APRÈS SKI COCKTAILS
スキーの後におすすめのカクテル

ホット・バタード・ラム

レイシング・ストライプ

ウォーミング・ハット

ジン・ガーランド

スキー・ブレイザー

CHEERS HEARD AROUND THE WORLD
世界の「乾杯」で楽しんで

アイルランド語	「Slante!（スロンチェ!）」
日本語	「乾杯!」
ロシア語	「Za zdrovia!（ザ・ズダローヴィエ!）」
ズールー語	「Oogy wawa!（オーギー・ワワ!）」

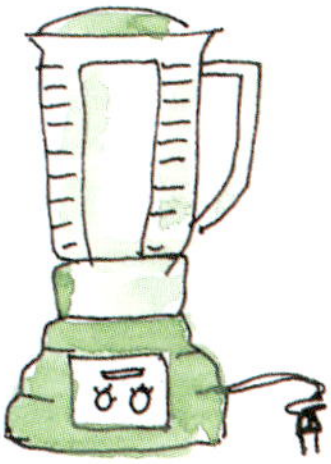

フローズンタイプのドリンクをつくるなら、
ミキサーは必須アイテム

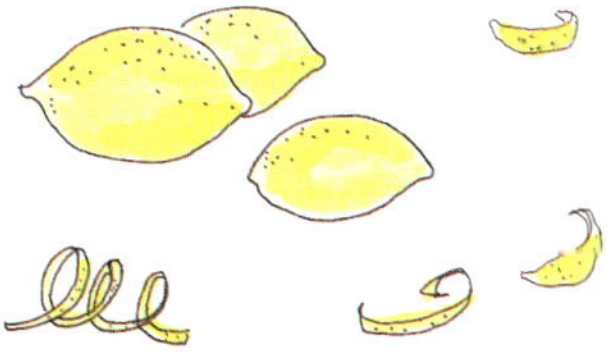

ローマの著述家パラディウスによると、人類が初めてレモンを栽培したのは西暦4年のこと。それから2000年経った今も、私たちは飽きることなくそのさわやかな風味を楽しんでいます。

THE PERFECT MARTINI

最高のマティーニ

「私はマティーニに特別な思い入れがあります。映画〈影なき男〉の中で、マティーニは短い、素敵な脚のグラスに入って登場します。私にとって、そのグラスのサイズは理想的でした。最近のグラスは、どうも大きすぎるように思います ―― 2口めを飲むときにはもう、マティーニが温まってしまっているんですもの。私が今までに出会った最高のマティーニは、ここニューヨークのレストラン『チプリアーニ』のもの。そこでは、小さくてシンプルなキャンドルのような形のグラスで出てきます。グラスはしっかりと冷やされて一面に霜がついており、ウオッカも冷凍庫で冷やしてあります。冷たいウオッカを注いだ中に、ベルモットをほんの1滴たらし、カクテル・ピンに刺したオリーブが飾られて出てくるのです。これこそ究極の、マティーニのマティーニです。自分でつくるときも、飲み終わるまで温まらないようにして出したいと思っています。マティーニはゆっくり楽しむものですから」

「まあ、くつろいでくれ」

ニック・チャールズ、〈影なき男〉

「マティーニ大好き、でも2杯で精いっぱい、
3杯で酔いつぶれてしまう、
4杯飲んだら、差し出してくれた男性の言いなりよ」

ドロシー・パーカー

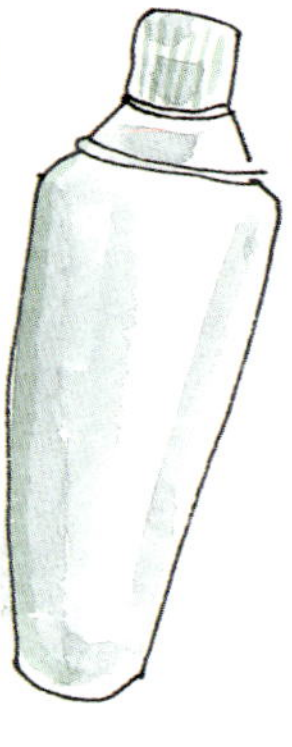

MARTINIS

本当のマティーニ

「私の父は、ジンでつくったものだけが、本当のマティーニだって言い張るんです。もしウオッカベースのマティーニを飲みたいのなら、ウオッカでつくってとはっきり頼まなきゃだめなんですって。うーん……」

IT'S A TOSS-UP

引き分けというところかしら

マティーニの名を不朽にしたのはジェームズ・ボンドですが、レイモンド・チャンドラーの描いた探偵フィリップ・マーロウもギムレットを一躍有名にした人物です。小説『長いお別れ』（1953年／註：本書で度々登場する《ローズ社のライムジュース》を広めたのもこの本と言われている）の中で、探偵マーロウは初めてギムレットを口にします。

CHAMPAGNE AND COGNAC: ALWAYS IN STYLE

シャンパンとコニャック 〜いつだっておしゃれに〜

「シャンパンはいつだって特別な飲みもの。細長いフルート型のシャンパングラスに注がれた味わい豊かなシャンパンほど、ハレの日に輝きを添えてくれるものはないでしょう。私はシャンパンをパーティーに出すのが好きで、特に、お客さまが席に着かれたときに出すのが大好きなんです」

DEFINING CHAMPAGNE
シャンパンの甘みの区分

ブリュット＝辛口、たいていのシャンパンはこれに当たります

エクストラ・セック、エクストラ・ドライ＝やや辛口

セック＝やや甘口

ドゥミ・セック＝甘口

ドゥー＝極甘口、デザートワインに近いもの

CHAMPAGNE BY THE BOTTLE
シャンパンのボトルサイズ

クォーター＝187㎖（ほぼグラス1杯分）

ハーフ＝375㎖

フルボトル＝750㎖

マグナム＝フルボトル2本分、1.5ℓ

ジェロボアム＝フルボトル4本分、3ℓ

DECODING COGNAC
コニャックの熟成表示記号を解読すると…

V＝very（とても）

S＝special（優れた）

O=old（古い）

P=pale（澄んだ）

F＝fine（良好な）

X＝extra（格別の）

CHAMPAGNE GOES TO THE MOVIES
映画にもよく登場するシャンパン

脚本家アラン・ジェイ・ラーナーと作曲家フレデリック・ロウの名コンビが世に送り出したミュージカル映画〈恋の手ほどき〉（1958年公開）では、「シャンパンを発明した夜」というチャーミングな歌が挿入歌として使われています。コレットの短編小説『ジジ』を原作としたこの映画は、レスリー・キャロンとモーリス・シュヴァリエが共演したとても楽しい作品です。

監督マックス・オフュルス、主演ジョーン・フォンテイン、ルイ・ジュールダンの名画〈忘れじの面影〉（1948年公開）では、「シャンパンは夜が更けてからのほうがずっとうまくなる、きみもそう思わないかい？」という台詞の後、悲しい愛の歴史が繰り返されます。

1959年、ローレンス・ウェルクは、彼のTV音楽番組のレギュラーだった「シャンパン・レディ」を、カメラの前で膝をあらわにしすぎるという理由で解雇しました

WINE IS DIVINE

ワインってすばらしい

「マティーニが大好きだった私も、そろそろマティーニの似合う年頃ではなくなってきたので、最近では、もっぱらワインです。ワインは赤白それぞれ種類が豊富で、選ぶ楽しみの多いものです。私はなるべく今までに飲んだことのない銘柄や収穫年のものを試すようにしています。でも、とりわけ赤ワイン、しかもナパ・ヴァレー産のものに夢中です。以前はその都度ワインを購入していたのですが、飲む量が増えたのか、それとも私たち夫婦が賢くなったのか、今では常に2ケースほど買い置きしています。そのほうがほしいものを買いながら倹約できるので、なんだかとっても幸せな気分になれるのです」

ENJOY YOURSELF

楽しんで勉強して

ワインの知識を深めるのは、本当に楽しい勉強ですよね。まずは手ごろな値段のものを何種類も試すことからはじめてください。どれを選べばよいかわからないなら、ためらわずに店員さんに相談しましょう（そのときは恥ずかしがらずに予算も伝えて）。そしていちばん大切なのは、自分の舌を信じること。もしおいしいと思えないなら、それはあなたの口には合わないワインです。もしかしたら、誰の口にも合わないただのおいしくないワインなのかもしれません。

TASTING AND TALKING ABOUT WINE

実際に飲んでワインについて語りましょう。ワインについての知識を少々

アロマ —— 簡単に言えばワインの香りのこと。花やハーブ、スパイスの香りなどがあります。

ボディ —— ボトルのサイズではなく、ワインのコクを表す言葉。ワインが軽いタイプのものなのか、深みやコクのあるものなのかを示します。

清澄感 —— この意味がわかれば、よいワインとはどういうものなのかがずいぶんわかってきたということになりますね。不純物や腐敗のないすっきりと澄んだワインを「清澄感のあるワイン」と言います。

色 —— ワインの世界では、色は質に等しいと言われています。ルビーやエメラルドの善し悪しを見分けるのに色がひとつの判断基準になるのと同じように、ワインにおいても色はその品質を判断するうえで大きなカギとなります。色を見れば、製造方法からボディまでほとんどすべてのことがわかります。

フルーティー —— 若いワインはブドウの果実味がよく残っています。そういうのを「フルーティーなワイン」と言います。

樽香 —— フルーティーなものに対して、「樽香のするワイン」というのがあります。「樽香」とは、樽の中で熟成させているときにつく香りのこと。樽香の残る良質のワインは、バニラや木の香りがします。香りは強すぎてはいけません。

タンニン —— ブドウから出る渋みの成分。まだ若くタンニンが多い赤ワインは、口がすぼまるような渋みをもっています。

CONSIDER THE GRAPE
主なブドウの品種とワインの種類

赤ワイン

ボージョレ

ボルドー

カベルネ・ソーヴィニヨン

メルロ

モンラッシェ

ピノ・ノワール

シラー

ジンファンデル

白ワイン

シャルドネ

シュナン・ブラン

ゲヴュルツトラミネール

ミュスカ

リースリング

ルーサンヌ

ソーテルヌ

ソーヴィニヨン・ブラン

プイイ・フュメ

ヴィオニエ

TEMPERATURE CONTROL
飲み頃の温度

白ワイン —— 6〜13℃。ひんやりしているぐらいが適温です。氷のように冷たくしてはいけません。

赤ワイン —— 13〜18℃、つまり「ワインセラーの温度」として知られている温度が適温です。室温は高すぎると思ってください。ご注意を!

WINE AND FOOD ワインと料理の組み合わせ

どんな食べものや料理にも、それぞれのよさを引き出してくれるワインがあります（ただしシリアルとマシュマロは別ですが）。アメリカでは、労働者の日（9月の第1月曜日）を過ぎたら春が来るまで白い服や小物を身につけないという古いしきたりがありましたが、今ではこれを守る人はほとんどいなくなりました。それと同じで、ワインも、肉には赤、魚には白を必ず合わせる必要はありませんが、料理に合わせてワインを選ぶことは、素敵なおもてなしをするうえでとても大切なことです。

チキン —— チキンはワインにとって真っ白なキャンバスそのもの。何にでも合います。でも、もちろん料理の方法とソースの味は考慮しなくてはなりません。トマトソースなら赤が、レモンとハーブを使ったソースなら、すっきりとした味わいの「シャルドネ」がよい選択です。

魚 —— サーモンやアルプスイワナ、マグロなら「ピノ・ノワール」が味を引き立ててくれるでしょう。シタビラメやオヒョウなどの繊細で淡泊な味わいの魚料理には、軽めの白ワインがおすすめです。

牛やラムなどの赤身の肉 —— 「赤いものには『赤』」のルールがそのまま当てはまります。品種・産地（ジンファンデル、ボルドー、カベルネ・ソーヴィニヨン）や、自分の好み（軽いものが好きなのか、コクのあるものが好みなのか）で、合わせる1本を選んでください。

パスタ —— チキンと同じで、ソースによって決まります。スパイシーなラグーソースなら「ジンファンデル」が、カルボナーラなどのもっとクリーミーなソースなら「シュナン・ブラン」がよいでしょう（そしてピッツァには「キャンティ」が必須です）。

デザート —— デザートにもワインを用意しておきたいもの。干しブドウ状にしたブドウでつくる「貴腐ワイン」はデザートワインの王道です。「ヴィン・サント」や「ソーテルヌ」、「トロッケンベーレンアウスレーゼ」は、手づくりのピーチコブラーや上品なヘーゼルナッツ・タルトなど、果物やナッツを用いたデザートにぴったりです。

BEER IS A BEVERAGE TOO

ビールも、もちろん忘れないで

「私はビールも大好きです。それはきっと、ピルスナーの美しさによるところが大きいと思います。バーテンダーはピルスナーに入れて出しますよね、余分な泡を少しも立てずになみなみと注いだ、冷たいすばらしいビールを。ですから我が家でもビールを出すときには、いつもピルスナーに注ぐようにしています。もちろん、バーベキューをするときは別。グラスを必要とする男の人なんていませんもの。瓶でラッパ飲みのほうがずっと歓迎されるでしょう。他にこだわっているのは、缶ビールは買わないということ。あれってなんだか金属的で少し味気ない気がしません？」

AROUND THE WORLD WITH BEER

ビールとともに世界を巡りましょう

「私は外国のビールが大好きです。もしビールをたくさん出すようなパーティーを開くなら、いろいろな種類のものを用意しておくとおもしろいと思います。メキシコ料理とテカテビール、お寿司と青島《チンタオ》ビール、もしくはサッポロビールの組み合わせなどがおすすめです」

メキシコ

パシフィコ、ドスエキス
テカテ、ネグラ・モデロ

イングランド

ブラック・シープ・エール
モーランド・スペックルド・ヘン
ヤングズ・ダブル・チョコレート・スタウト

オランダ

グロールシュ

アメリカ

ブルックリン・ラガー
カスコ・ベイ、ピルスナー
アンカー・スチーム、ローリング・ロック

ドイツ

ベックス
ホルステン・ピルス
エルディンガー・ヴァイスビール

オーストラリア

クーパーズ・スタウト
フォスターズ・アイス

ベルギー

シメイ・ブルー
リーフマン・グリュークリーク

カナダ

ラバット
ムースヘッド

アイルランド

オイスター・スタウト
ポーターハウス・レッド

チェコ

ピルスナー・ウルケル
ズブル
ヴェルコポポビツキ

スコットランド

マクレイ・オーツモルト・スタウト
フラオック・ヘザー・エール

WHEN YOUR COCKTAIL OF CHOICE IS BEER...

ビールをベースにしたカクテルなら

レッドネック・ミモザ

フレッシュオレンジジュース　470mℓ

小麦のビールもしくは黄金色のラガービール　470mℓ

オレンジの輪切り（飾り用）

グラスにジュースを入れて、次にビールを注ぎ、最後にオレンジを飾ります。

SEPARATING THE WHEAT FROM THE HOPS...

ビールを種類別に分けてみましょう

LAGER ラガー

ビールの世界の「白ワイン」。他のビールに比べてモルト（麦芽）の量が少なく、全体に香りもコクも軽やかです。オードブルやシーフード、チキンとよく合います。

ALE エール

淡色のものから、琥珀色、赤色のものまであり、色や味に幅のあるビール。色によって香りや味わい、苦みにはっきりした特徴があります。淡色のエールは材料に温風で乾燥させたモルトを、琥珀色や赤色のものは高温で焙煎したモルトを使用しています。淡色のエールにはチキンやハンバーガー、琥珀色のエールにはサーモンやポークがよく合います。また濃い赤色のエールは、滋養たっぷりのシカ肉やラム料理の味をいっそう引き立ててくれます。

PORTER ポーター

ポーターと言っても、ポーターハウスステーキ（註：ストリップロインとテンダーロインの両方がT型の骨の両側にある肉を焼いたもの）のことではありません。ステーキにぴったりなモルトをふんだんに使ったビールのこと。ポーターは濃いブラウン色なので、すぐ見分けがつきます。

BOCK ボック（ドイツ産の黒ビール）

本当にうまい名前をつけたものです。ドイツ語で「強いビール」を意味するボックが世界で人気を博した「ビッグ」なビールになっているのですから。ボックは香り高く、コクがあり、ほどよい苦みもあって、他のビールよりもアルコール度の強いお酒です。濃いコーヒーだと思って、濃厚なデザートと一緒に楽しんでください。

STOUT スタウト

コクと香りの強いビールの代表格。その芳醇さにぴったりな黒に近い色をしています。ボックをコーヒーにたとえるなら、スタウトはエスプレッソ。デザートにもぴったりですし、食事の後にそれだけで楽しむのもまたよいでしょう。

ラガー・アンド・ライム

ローズ社のライムジュース　小さじ1

フレッシュライムジュース　小さじ1

よく冷えた黄金色のラガービール　240㎖

くし形に切ったライム（飾り用）

ローズ社のライムジュースとフレッシュライムジュースを混ぜ合わせます。
ラガービールを入れてステアし、グラスにライムを飾ります。

HORS D'OEUVRES

オードブルを用意しましょう

「まずはじめに、オードブルはおいしくなくてはなりません。それが何よりも大切です。第一印象で『おいしそう!』と思ってもらえるのがよいですね。それから、あなたがパーティー会場のお客さまだとしましょう。ワイングラス片手に、お腹はぺこぺこ。さて、グラスを置く場所を探さなくてはなりません。立食式のパーティーを開くときはメニューだけでなく、お客さまが動きやすいテーブルの配置を考えることも忘れずに」

MY KIND OF HORS D'OEUVRES

私の好きなオードブル

「オードブルはいつも食べ応えがあって、しかも食べやすく、見た目も美しいものにするようにケータリングでお願いしています。それに、まじめになりすぎずユーモアの感じられるメニューにしたいと思っています。でも、奇抜すぎるものはダメ。見かけ倒しでなく、誰もが満足のいく料理にしたいものです」

「カジュアルなタイプのパーティーだからといって、手を抜いてよいわけではありません —— 努力を惜しまないで」

「アンディも私も、ひと口サイズのソーセージのパイ包み『ピッグズ・イン・ア・ブランケット』が大好きです。でも、どこのものでもよいというわけではありません。いちばんのお気に入りは、ニューヨークのデリカッセン&ケータリングサービス『ウィリアム・ポール』の、スタンダードなタイプ。手づくりで、とてもシンプルな味なのですが、それがまた実においしくて何層にも重なり合ったパイ生地がサクサクしていて、懐かしい味わいなのです」

「友人のエレーニは、ペストリー生地で小さなカップをつくり、よくひと口サイズの『変わりBLTサンド』をこしらえます。ベーコン、レタス、トマトをそれぞれみじん切りにして、カップの中に入れるのです。色とりどりの素材が合わさっていて、とてもきれいなんですよ。口に入れると、まるで本物のBLTサンドを食べているように思えるのです。『あれ、もしかして本当のサンドイッチ?』って」

「オードブルはひと口サイズでなくてはなりません。ナプキンを添えたグラスを手にしたまま、料理を食べるのは大変ですから私はいつも、簡単につまめる小さな食べものを用意するように心がけています」

「パーティー料理を愛してやまない私ですが、実はクラッカーにチーズを載せただけのカナッペも大好き。でも、ありきたりには見えないように美しく華やかな大皿や、ちょっと変わった形のお皿に盛りつけるようにしています」

「どうして私は料理に手を出すのをためらってしまうのかしら?　ひとつには、私があまりビュッフェスタイルの料理を好まないというのがあると思います。大皿に載せられた小エビの料理を見ると、部屋の熱気で温まってしまっているようで気になります。そのうえ、パーティーも半ばを過ぎれば、どれもあまりおいしそうには見えなくなってしまいます。ナッツでさえも気がすすみません、アンディは大好きなんですけど……」

「私たち夫婦はピーター・キャラハンのケータリング会社をとても頼りにしています。彼は本当にすばらしい料理人です。事前にどんなパーティーを開きたいかを伝えておくと、イメージにぴったりの素敵な料理を用意してくれます。そしてその料理は、私の好きな小さくて食べやすいサイズのものばかりなんです」

PETER'S SPECIALTIES

お気に入りのピーターの料理

コーンに入ったフライドポテト ——13センチほどのフライドポテトを、紙を丸めてつくったコーンに入れたもの。穴のあいた特製のトレイにさしてお出しします。

ピッグズ・イン・ア・ブランケット —— これは、ふつうのとはちょっとちがいます。豚の形にくり抜いたスモークサーモンと黒パンに、腹巻きに見立てたキャビアのわさび和えを載せた、かわいいオードブルです。

ミニ・ツナ・バーガー —— お寿司に使うような新鮮なマグロを使ったミニバーガーです。ケシの実の載ったバンズ（通常の4分の1の大きさ）にほんの少しあぶったマグロとドライトマト、キュウリ、わさび、シェーブルチーズを挟んでいます。

キャビアのアイスクリーム風コーン —— じゃがいもでつくったコーンに生クリームをたっぷり入れ、いちばん上にキャビアを飾ったもの

ミニサイズのストロベリー・ルバーブ・アイスクリーム・コーン

棒にさした綿飴 —— もちろん、鮮やかなピンク色のもの

ピーターがつくるキウイの飾りつきピンクレモネード

À LA CARTE, À TABLE, AND CATERING

アラカルトでも、着席式でも、ケータリングでも

「パーティーを開くときに、自分で料理をするのか、ケータリングサービスを利用するのかというのは、そのときの状況に応じて決めるようにしています。シンプルでカジュアルなパーティーにしたいと思うときがあるように、いつでも特別なパーティーにしたいと思っているわけではありません。でも、お客さまの数が12人を超える場合は、ビュッフェ形式にしてカクテルとともにお出しするのがいちばんのようです。それだけの人数になると、家の広さや予算によって、どんなパーティーになるのかが必然的に決まってきます。ビュッフェ形式なら、着席式で8人のお客さまを迎える場合と比べてもずっと手間がかかりませんし、ケータリング会社やアルバイトの学生たちが、給仕役となって、あなたを助けてくれることでしょう」

DO-IT-YOURSELF VS HIRING A CATERER

自分で用意する?　それともケータリング会社を利用する?

自分で全部用意するにしても、ケータリング会社を利用するにしても、パーティーの飾りつけやタイムスケジュール、ムードを決めるのはあなたです。ケータリング会社はあなたの手助けをするものであって、代わりではありません。頑張って準備して。

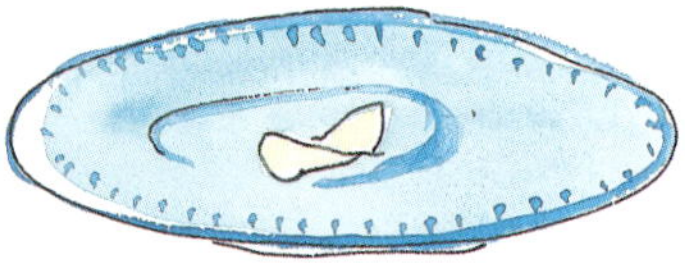

「愛犬ヘンリーは
パーティーのオードブルが大好き。
好き嫌いはまったくありません……
アスパラガスを除いてね」

SOCIAL DILEMMA #437

よくあるジレンマ —— No.437

最後のポテトチップが1枚、お皿の上に残っています。しかも誰にでもよく見えるところに。あなたはその1枚を食べたいのですが、食い意地のはった人だとか、ガツガツした人だと思われたくはありません。でも、その一方でわざわざ他の人にゆずるなんて、とも思っています。勇気を出してこっそり手を伸ばす前に、ちょっと考えてみて。「どうしてこの1枚は残っているの? 最後の1枚に手を出す人ってどういう人?　それってなんだか人生を暗示しているように思わない?」と。

A FEW FOOD NOTES
ためになるヒント

オードブルはいつだって、多めに用意するに越したことはありません。

お客さまは涼しい日にはたくさん召し上がり、暑い日にはあまり召し上がりません。季節や天候を考えて。

人数が多ければ多いほど、おしゃべりに忙しくなり、ひとりのお客さまが召し上がる量は少なくなります。

WHEN THE HORS D'OEUVRES ARE SWEET...
スイーツはいつ出せば…

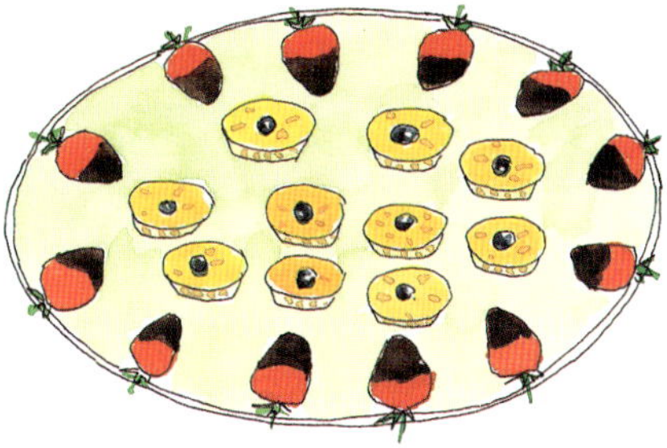

「どうしてデザートを他の料理といっしょに並べてしまう人がいるのでしょう？　最初から並べてしまったら、お客さまは料理よりもデザートに夢中になってしまいます。それは見た目にもあまりよいものではありません。それに、デザートを後から出すのは、パーティーが終わりに近づいていることをそれとなく知らせるとてもよい方法です。デザートにはパーティーの進行上、そういう意味もあるのです」

カクテルパーティーは、どうやって終わらせればよいのかしら？

「僕なら、ブレーカーを落として家中を真っ暗にし、BGMも消してしまいます」

アンディ・スペード

DINNER PARTIES

ディナーパーティー

「たとえシンプルな料理であっても、盛りつけなどで素敵に見せるのはとても大切なことです。それは、お客さまが親しい友人でも、知り合ったばかりの人でも同じです。親しい友人だからといってぞんざいにはしたくありません。たとえ1組だけのカップルを招いたときでも、花を飾ってキャンドルに火をともし、楽しく素敵な夜を演出します。大切なのは努力すること —— お客さまが何を楽しいと思うのか、考えることです。また、上等な食器を使うにしても、カジュアルにいくにしても、堅苦しくならないよう気をつけます。大人向けの気取ったものよりも、我が家では笑い声のたえないパーティーを目指しています。招かれるよりも招くことのほうが多い私ですが、キッチンに何時間も立つことにはならないようにしています。それと、アンディと『デート』をする夜もよくあります —— 夫婦水入らずでポップコーン片手に古い映画を楽しむのも、ささやかですが素敵なパーティーです」

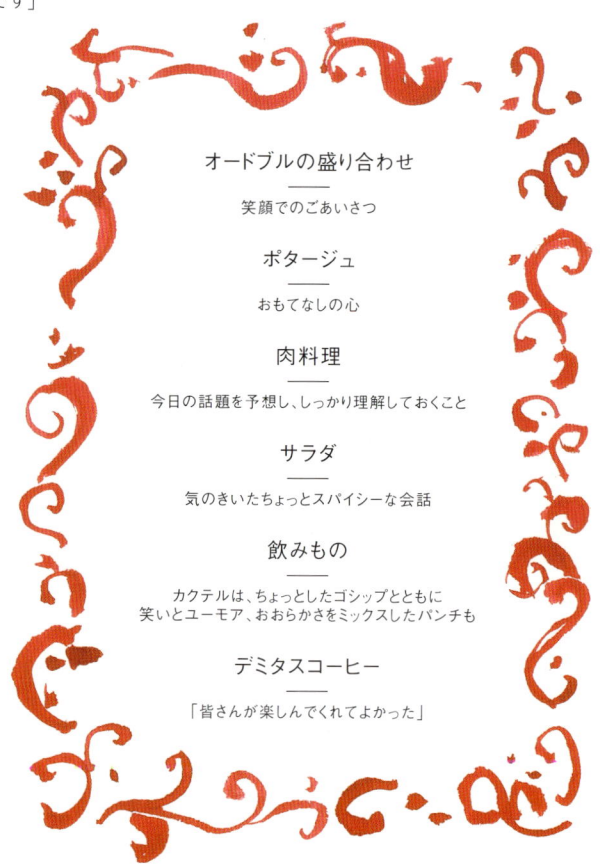

オードブルの盛り合わせ

笑顔でのごあいさつ

ポタージュ

おもてなしの心

肉料理

今日の話題を予想し、しっかり理解しておくこと

サラダ

気のきいたちょっとスパイシーな会話

飲みもの

カクテルは、ちょっとしたゴシップとともに
笑いとユーモア、おおらかさをミックスしたパンチも

デミタスコーヒー

「皆さんが楽しんでくれてよかった」

DINNER PARTY CHECKLIST

ディナーパーティーのチェックリスト

ディナーパーティーを開くのに、このリストのすべてが必要だというわけではありません。
自分にとって役立つものを選んで参考にしてください。

- □ メニューを決める
- □ テーブルの飾りつけを考える
- □ 料理の買い物リストをつくる
- □ 飲みものの買い物リストをつくる（レモン、ライム、氷なども忘れずに）
- □ 花やキャンドル、特別な照明器具などの買い物リストをつくる
- □ BGMを選ぶ
- □ テーブルリネンを選ぶ —— 必要なら洗濯とアイロンがけを
- □ お皿やグラス、カトラリー、特別な日のためのしゃれたサーバーを選ぶ
- □ お客さま用のハンガーが揃っているか確かめる
- □ 料理をする！
- □ テーブルにリネンや食器をセットする
- □ テーブルの中央に花やキャンドルを飾る
- □ 部屋の明かりをセットする（小さなキャンドルや細長いキャンドル、素敵な模様のキャンドルなど……）
- □ バー・スペースをつくって飲みものを用意する
- □ BGMをかける（ここで何か飲んでひと息入れて）
- □ お客さまの到着……オードブルを用意して、飲みものを注ぐ
- □ さあ、ディナー！
- □ そしてデザート！
- □ 飲みものがなくならないように気をつける。食後のコーヒーと小さなキャンディーも忘れずに
- □ 「おやすみなさい」の後は、充実した1日を終えた心地よい眠りを……

ニール・サイモン作のお芝居『ザ・ディナー・パーティー』には、実際のパーティーのシーンはひとつも出てきません。

着席式のパーティーでは、料理はお客さまの左側からお出しし、右側からお下げします

SPECIAL DINNER PARTIES

趣向を凝らしたディナーパーティー

「今までに、さまざまな趣向を凝らしたパーティーを催しましたし、また招かれてもきました。その中には、今も心に残っているものが数多くあります。最近特に感動したのは、友人のエレーニが開いた、レモンをモチーフにしたパーティーです。レモン色のナプキンとプレースマットには小さなレモンの刺繍が施され、ナプキンリングはレモンの形、キャンドルも黄色と白のストライプ模様。料理もまた楽しいもので、レモンを添えたギリシャ風じゃがいものロースト、レモン・チキン、アスパラガスのレモン・ヴィネグレットソース和え。そして、圧巻はデザート。本物のレモンをくり抜いたところにレモンソルベが入れられ、その上にはレモンの形をしたクッキーが飾られていたのです」

BBQ　バーベキュー・パーティー

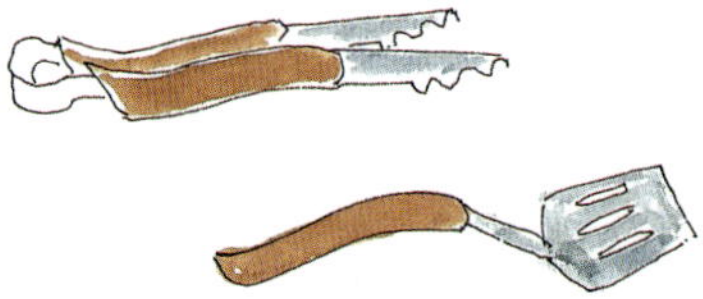

「昔ながらのバーベキュー・ピクニックやバーベキュー・ディナーは、いつ開いてもわくわくするもの。素朴な田舎料理やカントリーミュージックに、つい笑顔になってしまいます。こういった伝統的なパーティーをするときは、少しくらい古く感じるようなスタイルもよいですね」

TABLE SETTING　テーブルセッティング

テーブルクロスには、お決まりの赤と白のギンガムチェックの代わりに、目の細かい黒と白のギンガムチェックを使って、明るい赤のコットンのナプキンをアクセントにするとよいでしょう。「フィエスタ」社の白いお皿を使えば、清潔感がありコントラストもきれいです。より昔懐かしい雰囲気を出したいなら、グラスに、昔ながらの食料保存用の広口瓶やジャムの瓶を使ってみて。

CENTERPIECE　テーブル中央の飾りつけ

テーブルの中央に、いろいろな高さの白い円柱形のキャンドルを3、4本まとめて飾り、その周りを素焼きの小鉢に入ったミニサボテンで囲みましょう。うっとりするほど素敵ですよ。小さな赤い花を咲かせたミニサボテンなら、さらに感動的です。

MENU　メニュー

- □ スパイシー・コールスロー
- □ ピリ辛サラダ
- □ スイカの皮のピクルス
- □ スペアリブのバーベキュー カンザスシティ風ソース
- □ フェンネル入りチキンソーセージの直火焼き
- □ 朝摘みイチゴ
- □ 棒付きアイスキャンディー

MUSIC　BGM

- □ 『タイムレス～ハンク・ウィリアムス・トリビュート』オムニバス
- □ 『ハートブレイカー』ライアン・アダムス
- □ 『ザ・サン・イヤーズ』ジョニー・キャッシュ

BUSY-IN-THE-CITY DINNER PARTY

忙しい都会人のためのディナーパーティー

「現代人は誰も忙しいもの。でも平日、週末を問わず、夜はいつでも友だちを呼べるようにしておくことはとても価値のあることだと思います。時間がないときは、すべてをきちんと用意する必要はありません —— 特におしゃべりを楽しみたいだけのときなどは（我が家ではよく近くの店からメキシコ料理を調達して即席でパーティーを開いたりしています）。ほんの少しの工夫と努力で、心に残る楽しい夜をつくり出すことができるのです」

TABLE SETTING
テーブルセッティング

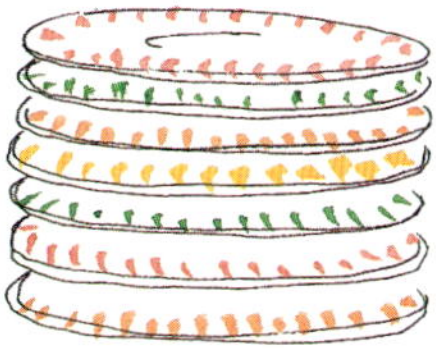

いつの夜でも、テーブルの飾りつけにたくさんの時間を割く必要はありません。お気に入りのお皿を取り出してください。私の場合は、縁に大好きな色（ピンク、グリーン、コーラル・ピンク、イエロー）の幾何学模様が入ったお皿になります。そして真っ白なテーブルクロスとシンプルなナプキンを合わせます。ナプキンリングにはグリーンのグログランテープを用い、カトラリーは普段使いのものを選びます。最後に金色の縁取りをしたグラスを並べて少しおしゃれな雰囲気をプラスし、パーティーらしく仕上げてしまうのです。時間があるときには、上質のチョコレートやキャンディーを用意して、それぞれの席に添えることも。

CENTERPIECE テーブル中央の飾りつけ

準備に時間をかける分も、友だちとのおしゃべりを楽しみたいと思うような気軽なパーティーもあります。そんなときは季節の花を少し多めに飾るにとどめています。お皿に使われている色を基準に選ぶこと。春なら、紫がかったピンク色のシャクヤクやあじさい。秋は少し難しいのですが、ピンクやコーラル・ピンクの木の実や果実を見つけてくることが多いです。そして、背の低い花器にたっぷりと生け、周りに小さなキャンドルをたくさんあしらいます。テーブルに並ぶ、赤ワインを注いだクリスタルのグラスが輝きを添えて、素敵なコーディネートが完成します。

MENU メニュー

- ☐ 固形のパルメザンチーズ
- ☐ ボリュームたっぷりの野菜サラダ
- ☐ 3種類のきのこの生スパゲッティ
- ☐ ネクタリンとブルーベリーのコンポート〜ローストしたアーモンド添え

MUSIC BGM

- ☐ 『天使のため息』ベル・アンド・セバスチャン
- ☐ 『ハンキー・ドリー』デヴィッド・ボウイ
- ☐ 『ユナイテッド』フェニックス

HARVEST DINNER 収穫月のディナーパーティー

「私は秋が大好き。皆が夏の終わりを悲しんでいるときに、これからの季節に胸を躍らせているんです。温かく心地よいセーターやツイードのコートに心をときめかせ（ときにはアンディのセーターを拝借することも）、バケーションシーズンに向けて気分を盛り上げます。収穫月のディナーパーティーは、そんな秋の訪れを心から祝う気持ちの表れです。それよりメニューのほうが気になるですって？　もちろん、秋の味覚たっぷりの、栄養満点でお腹がいっぱいになるようなおいしい料理を用意します」

TABLE SETTING テーブルセッティング

チョコレートブラウンにピンクや赤を配した色使いが素敵です。テーブルクロスには、ラズベリーピンクのリボンやテープで縁取りしたブラウンのリネンを使いましょう。食器はすっきりとした白い磁器を選び、それぞれのお皿の中央にザクロをひとつ飾ります。このコーディネートには、ピンクや赤で何か小さなモチーフを刺繍した白い大きなナプキンがぴったりです。透明のワイングラスやお水用のグラスを置いて、洗練された雰囲気もプラスしてください。でも、食前か食後にシャンパンを出すなら、赤色のもしくは赤い模様の入ったクリスタルのシャンパングラスに注ぎましょう。このディナーには、日ごろ大切にしまっているあなたのいちばん素敵な純銀のカトラリーを使うことをおすすめします。

CENTERPIECE テーブル中央の飾りつけ

上のテーブルに大きくて背の低い花器（ガラスでも、銀でも、陶磁器でも）を置き、ピンクや赤の花をあふれんばかりに飾ると、本当にきれいです。ワイン・レッドのダリアに、ピンクや赤のラナンキュラス、花びらの多い暗紅色のバラ、そしてそれらに埋もれるように飾った木の実の付いた短い枝。目もくらむほどのあでやかさです。花器の両側には小さな銀のキャンドルホルダーに挿した細長く優美な白いキャンドルを2本ずつ飾りましょう。ピンクや赤の花に4本のキャンドルがすっきりと立った姿は、感動的です。

MENU メニュー

- □ 香辛料をきかせたポップコーンを飾ったバターナットカボチャとコーンのチャウダー
- □ ローストチキン　ニンジン、タマネギ、ガーリックの付け合わせ
- □ シナモンアップルソース（註：デザートではなく食事として楽しむのが一般的）
- □ ベークドポテト風ポテトグラタン
- □ 濃厚なチョコレートケーキに生クリームを添えて
- □ アップルジュースとシードル

MUSIC BGM

- □ 『インシグニフィカンス』ジム・オルーク
- □ 『レット・イット・ビー』ザ・ビートルズ
- □ 『シルバー・アンド・ゴールド』ニール・ヤング

SUMMER DINEER サマーディナーパーティー

「夏の夜は簡単なディナーパーティーを開くのにぴったりです。私たち夫婦は海辺の別荘でパーティーを開くのをいつも楽しみにしています。アンディは快く手伝ってくれるので、彼が食料品店に買い出しに行ったり、近くの魚市場でよい食材を探したりしている間に、私は裏庭の花を摘み、テーブルをセッティングします。そのあとで、お客さまののどを潤すためのカクテルを大量につくるのです」

TABLE SETTING
テーブルセッティング

オレンジ、黄、白の組み合わせはテーブルをさわやかに演出します。素敵なレモンイエローのお皿（新しくても古くても）も、白いリネンのテーブルクロスやナプキンを用いれば、いっそう映えます。テーブルに飾った花からつぼみを取り、小さな緑のガラス製キャンドルホルダーに入れてそれぞれの席に飾ってみてはいかが？

CENTERPIECE テーブル中央の飾りつけ

テーブルの中央にボウル型の大きなガラスの花瓶を置き、スイートピーやデイジー、白いシャクヤク、白と黄色のポピーなどを取り混ぜて、ふんわりと無造作に生けてください。そしてその周りを緑のガラス製キャンドルホルダーに挿した白い小さなキャンドルで囲みましょう。他にもテーブルのあちこちに同じキャンドルをあしらって。キャンドルは多ければ多いほど素敵ですし、屋外でのディナーならなおさらです。テーブルに集う誰もが美しく輝いて見えます。

MENU メニュー

- □ 新鮮なチェリーストーン・クラム（註：東海岸でしか獲れないハマグリのような貝）を粗挽きコショウたっぷりのソースで
- □ ポーチドサーモンの自家製グリーンゴッデスドレッシングがけ（註：香草入りアンチョビとマヨネーズのドレッシング）
- □ ベークドミニポテト
- □ スナップエンドウのレモンサラダ ミントの葉を添えて
- □ アイスクリームサンドイッチ（チョコレートミント、ストロベリー、フレンチバニラ）

MUSIC BGM

- □ 『ワイルド・フラワーズ』トム・ペティ
- □ 『マーメイド・アベニュー』ビリー・ブラッグ・アンド・ウィルコ
- □ 『セントラル・リザベイション』ベス・オートン

THE ART OF THE TOAST

素敵な乾杯のあいさつとは

「乾杯のあいさつをするのはどうも苦手で、誰かがするのを見ているほうが好きです。大切なのは短くまとめること。そのうえで、真心の込もった、ウィットに富んだものであれば素敵だと思います。誰かを笑い者にしたり批判したりする話は、たとえどんなにおかしくても、誰も聞きたくありません」

FOR A GRACIOUS TOAST

優雅な乾杯のあいさつをするために

よどみなく、ウィットをきかせてちょっと変わったおもしろい視点で

簡潔なのがベストです —— 短く、シンプルに、あなたらしく、立ってあいさつをしましょう

準備を怠らずに —— 乾杯のあいさつは短いスピーチです。しっかり覚えて話すようにしましょう

お疲れさま —— 何事も潮時を見極めるのは大切なこと……さあ、席に戻ってゆっくりくつろいでください

乾杯のあいさつをするときは、
まず主賓に杯を捧げます

ベルを鳴らすように、ナイフやフォークでグラスに軽く触れることは、これから乾杯のあいさつをしますよ、という万国共通の合図です。

WINE GLASSES

ワイングラス

ワインには透明のグラスがいちばんでしょう。色や状態がよくわかります。

19世紀の初めには、乾杯はよきマナーであると同時にその場を活気づかせるよい方法だと考えられるようになりました。

DINNER PARTY TRIVIA
ディナーパーティーのトリビア

「現代のパーティーもとても素敵なものだと思っていますが、昔のパーティーについて書かれた本を読んだりすると、いつもうっとりしてしまいます。実は、私はそういったパーティーの内容を覚えておき、そのちょっとしたセンスや要素を、自分たちのパーティーにも取り入れるようにしているんです。本と同様、古い映画もまた魅力に満ちていて、いろいろなアイデアの宝庫です」

PARTIES WE WISH WE'D ATTENDED...
出席してみたい、憧れの昔のパーティー

グレース・ケリーが40歳の誕生日にモナコで開いた、蠍座をテーマにしたパーティー

トルーマン・カポーティがキャサリン・グラハム（註：『ワシントン・ポスト』の発行人）のために開いた、黒と白の仮面舞踏会

ゲーリー・クーパーと夫人ロッキーが自宅にジュディ・ガーランド、サミー・デービス・ジュニア、ルイ・アームストロングを招いて開いた歌の集い

アンディ・ウォーホルが1965年の春に、彼の工房「ファクトリー」で開いた『50人のもっとも美しい人たち』のパーティー

ケネディ大統領夫妻が催したホワイトハウスのディナーならどれでも

"THE LAST AMERICAN PARTY"　「アメリカ最後のパーティー」

トルーマン・カポーティは、ベストセラー『冷血』の出版により、にわかに大金を手にしたとき、「同類」である上流階級の人々を招いて大舞踏会を開くと宣言しました。彼のこの発言により、新旧2つの大陸で、多くの著名人たちが招かれるのかどうかを心配しながら、そわそわと招待状を待つことに。映画〈マイ・フェア・レディ〉の有名なアスコット競馬場のシーンで使われた、セシル・ビートンデザインの黒と白の衣装に着想を得て、カポーティは、1966年、500人ものセレブリティを招待して「黒と白の舞踏会」を開催しました。出席者には次の人々も名前を連ねたそうです。

ビリー・ボールドウィン	ダリル・ザナック	マレラ・アニェッリ
ローレン・バコール	リー・ラジウィル	ホルスト
ジェイソン・ロバーズ	ケネス・ジェイ・レーン	セシル・ビートン
ロドルフォ伯爵夫妻	キャンディス・バーゲン（当時19歳）	スリム・キース
クレスピ	ペネロピ・トゥリー（当時16歳）	エドワード・オールビー
ベーブ・ペイリー	ノーマン・ノレル	ミア・ファロー
ウォルター・クロンカイト	ブルック・アスター	フランク・シナトラ
リーランド・ヘイワード夫妻	アレクサンダー・リーバーマン夫妻	ジョージ・プリンプトン
ジェローム・ロビンズ	フィリップ・ジョンソン	ハーパー・リー
グレタ・ガルボ		ダイアナ・ヴリーランド

トルーマン・カポーティの人生のモットーは「憧れ」でした・83

WE'VE GOT TO STOP MEETING LIKE THIS...
こんなゲームはいかがかしら?

紙と鉛筆、それに数人揃えばできる遊びです。まず初めの人が、その場にいる男性もしくは有名人の男性の名前をひとり書きます。その名前を隠すように紙を折って、次の人に渡してください。渡された人は、今度はその場にいる女性もしくは有名人の女性の名前を書きます。そして同じように紙を折り、次の人に渡します(この動作を常に)。3番目の人は2人がどうやって出会うのかを書いてください。4番目の人は「彼」が「彼女」にかける言葉を、そして、5番目の人はそのとき「彼女」が答える言葉を書いてください。終わったら、さあ、そのできあがった話を皆に聞こえるように読み上げて。

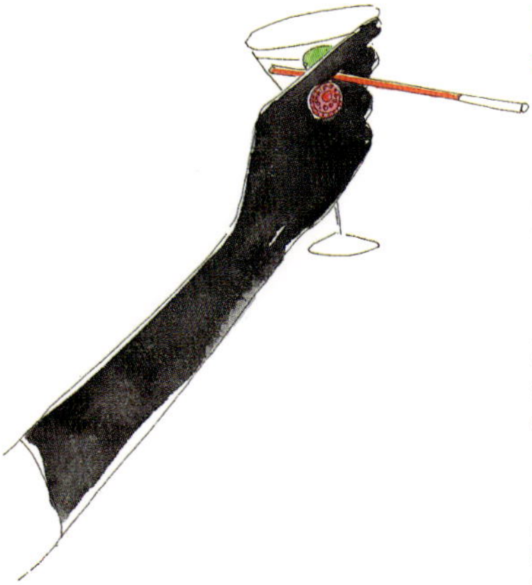

DINNER IN THE MOVIES
映画の中のディナーパーティー

〈晩餐八時〉1933年
1930年代のパーティーのスタイルがよくわかる映画です。女性は皆、長いドレスに身を包み、男性は皆、燕尾服を着ています。大量のシャンパンが振る舞われ、お祭り騒ぎが繰り広げられます。

〈レディ・イヴ〉1941年
たくさんのヘビやヘビ使いに狙われているヘンリー・フォンダ扮する大金持ちのヘビ学者は、いちばんずる賢いヘビ —— 豪華客船の華やかなディナーパーティーに現れたバーバラ・スタンウィック —— の正体を見抜くことができません。

〈影なき男〉1934年
この映画で、探偵ニック・チャールズは、くせもの揃いの容疑者を一同に集めてクリスマスのディナーパーティーを開き、クライド・ワイナント殺しの犯人を暴きます。

〈招かれざる客〉1967年
「招かれざる客」だったシドニー・ポワティエを前に、スペンサー・トレイシーが愛について演説をします。ディナーでは一人ひとりにステーキが用意されています。新しいアメリカのはじまりです!

〈マイ・ディナー・ウィズ・アンドレ〉1981年
なんとも長く —— なんとも意味深な映画です。2人の男のディナーでの会話だけが延々最後まで続きます。

〈ブルジョワジーの秘かな楽しみ〉1972年
荒唐無稽な出来事(ルイス・ブニュエル監督ならではのシュールで皮肉なタッチ)が次々と起こり、洗練されたディナーパーティーを開こうと四苦八苦する3組のカップルの邪魔をします。

〈ハンナとその姉妹〉1986年
感謝祭のディナーパーティーのシーンが3度も登場するこの映画の中にも、ウディ・アレンお得意のカルチャー・クラッシュが用意されています。今回は、マンハッタンの青空の下、ニューヨーカーがクリシュナ教徒に出会っています。

PARLOR GAMES
パーティーゲーム

シックス・キャラクターズ

シャレード

ゲリラ・スクラブル

ヒンキーピンキー

ディクショナリー

ワム

ゲット・ザ・ゲスト

ガートルード・スタインの恋人アリス・B・トクラスは、春の訪れを喜び、採れたてのアスパラガスにホイップクリームと塩だけを添えておもてなしをしたそうです。

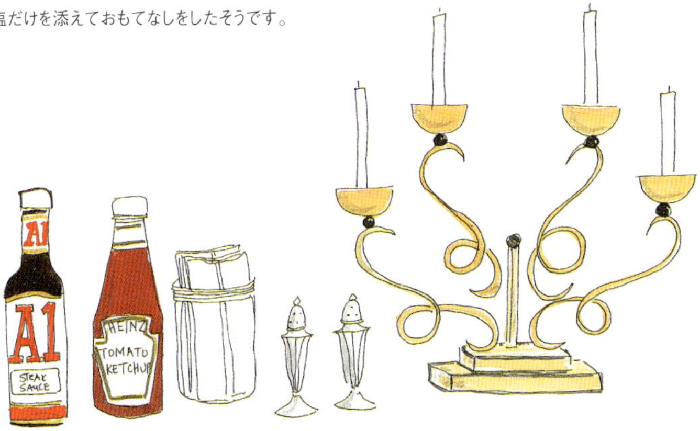

DINING AT HEARST CASTLE, SAN SIMEON
新聞王ハーストの邸宅ハースト・キャッスル（サン・シメオン村）の晩餐会

「ディナーの用意ができたと告げられると、私たちは天井の高い、広々とした食堂に移動します。その部屋の中には、部屋の端から端までと言っても過言ではないほど長いテーブルが置かれ……豪華なサイドボードには磨き上げられたすばらしい銀器のコレクションがまばゆいばかりの輝きを放って並んでいます……そんな贅を尽くしたきらびやかな部屋なのに、テーブルの中央には、トマトケチャップやエーワンソース、何の変哲もないガラスの容器に入ったペーパーナプキンのセットが一定の間隔で置かれているのです。いつ訪ねても、美しいテーブルの上に、そんな不釣り合いなものが堂々と並んでいるんです」

スリム・キース

アンディ・ウォーホルとまぶたを黒く塗った60年代のイコン、イーディー・セジウィックは、飽くことのないパーティー好きでした。雑誌『タイム』に、「ケータリング業者よりも頻繁にパーティーに出ている」と書かれたほどです。

特注の仮面をつくるのに大金をつぎ込んだゲストたちとは異なり、トルーマン・カポーティは自分の仮面を玩具チェーン店F.A.O.シュワルツで購入しました。金額はたった39セントだったそうです。

WEEKEND PARTIES

週末のパーティー

「まず何よりも、お客さまがどうなさりたいかを考えることが大切。いろいろと楽しい計画を立てるのはすばらしいことですが、ぐったりするほど盛りだくさんな内容にするのはどうでしょうか？もっと肩の力を抜いてもよいと思います。私はいつもそうしていますし、そのほうがお客様にも喜ばれます。週末のおもてなしは、皆が「したいときにしたいことをしている」、それが私の理想です。すすめられたから仕方なく、なんて思ってほしくないのです。そして、それは自分が招かれたときも同じ ―― 自由な時間がまったくないと、少し息が詰まるような気がしますものね」

FOR THE IDEAL GUEST ROOM . . .

申し分のないお客さま用寝室

お花

かわいい石けん

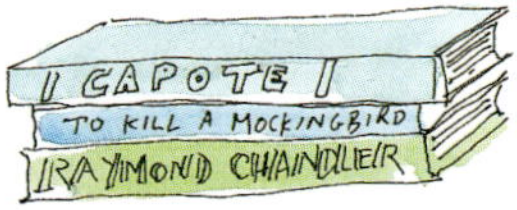

名作を何冊か
『大いなる眠り』レイモンド・チャンドラー
『遠い声遠い部屋』トルーマン・カポーティ
『アラバマ物語』ハーパー・リー

ポータブルCDプレーヤーとCD

開け閉めが簡単にできる網戸の付いた窓

お水を入れたピッチャーとグラスをベッドサイドに

もしバスルームを共同で使うなら、お茶目な心づかいがあると素敵です：タオルに「His（夫用）」「Hers（妻用）」「Yours（お客さま用）」と刺繍を入れてみてはいかが

鎮痛剤を2錠枕もとに「二日酔いを治す妖精より」というメッセージを添えて

お客さまがお忘れになったときのための歯ブラシと歯磨き粉

アロマキャンドルとマッチをバスルームに
―― マッチ入れにはエッグスタンドを使いましょう

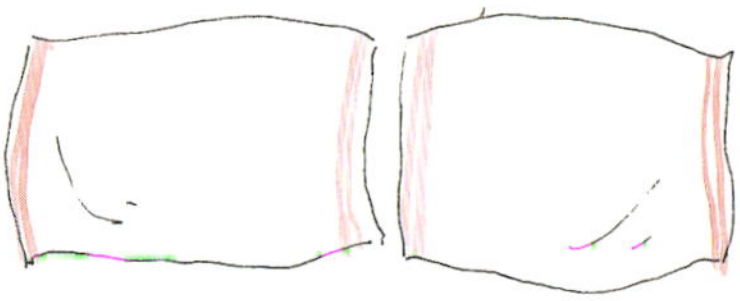

ふわふわの枕

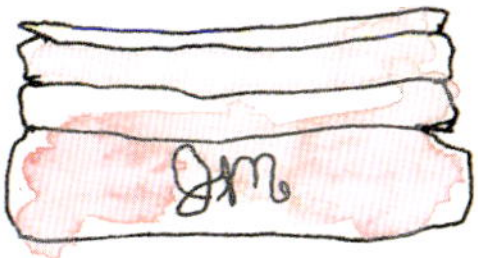

洗い立てのシーツ、ベッドカバー、タオル

ベッドサイド用の置き時計

読書用の電気スタンド

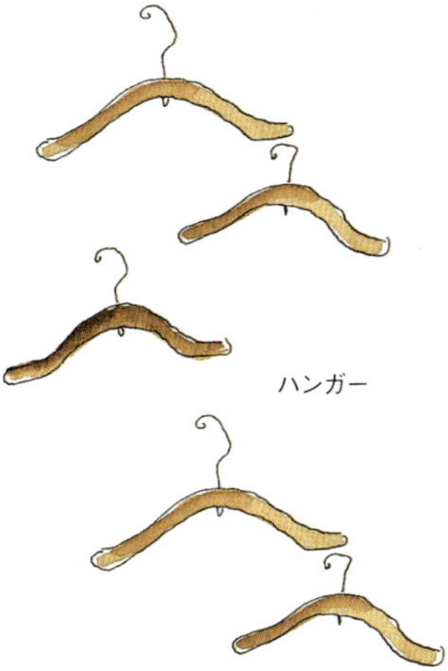

ハンガー

雑誌や書物（1950～60年代の雑誌は目新しくおもしろいのですが、ほんの2、3年前のものだと時代遅れなだけに見えてしまうので、ご注意を）

パイル地のバスローブとスリッパ。バスローブには「Guest（お客さま用）」と刺繍をしましょう。スリッパは何足も揃えて、片側には「Guest（お客さま用）」、反対側には「Sleepy（眠たい）」「Best（気分は最高）」「Hungry（お腹ぺこぺこ）」などの文字を入れてみてもおもしろいですよね。

雑誌『ニューヨーカー』の象徴ともいえるユースタス・ティリーのイラストは、1925年に同誌の美術部門長レイ・アーヴィンによって生み出されました

「階段を降りたところがお客さま用寝室でした――大きなベッド。大きなクローゼット。電気スタンドがいくつもあって、きれいな石けんを盛った器がそこここに置かれていました。キャンディ・ボックス。フルーツ・バスケット。出たばかりの本。雑誌。かわいらしいシーツや毛布や掛け布団や枕。静かな部屋でした。朝ごはんを食べたくなったらベルを押すだけでよいのです」

キャサリン・ヘプバーンの自伝より、映画監督ジョージ・キューカーの
ロサンゼルスのお客さま用寝室について語る

TESTING THE WATER...

あらかじめ自分で確認して

もしお客さまを頻繁にお迎えするのなら、2、3ヵ月に1度、お客さま用寝室で眠ってみるとよいでしょう。そうすれば、何が用意できていて、何が足りないのか、枕はちょうどよい高さになっているか、マットレスはやわらかすぎないか、いろいろとはっきりわかるはずです。

お客さま用寝具を保管するときには、
小さなラベンダーや数種のスパイスを
きかせた匂い袋をいっしょに入れておきましょう。
寝具によい香りが移って喜ばれます。

WEEKEND VIDEO FESTIVAL

週末はビデオフェスティバル

待ちに待った週末のはじまりです。さあ、近くのレンタルビデオショップでビデオを山ほど借りてきましょう ―― とはいえ、実際は、映画2、3本が限度ですけど……。

〈ティファニーで朝食を〉／〈招かれざる客〉

〈お熱いのがお好き〉／〈Mr.レディMr.マダム〉

〈緑園の天使〉／〈ベイブ〉

〈或る夜の出来事〉／〈いつも2人で〉

〈ダイヤルMを廻せ〉／〈悪魔のような女〉

〈裸足で散歩〉／〈アニー・ホール〉

〈シェルブールの雨傘〉／〈雨に唄えば〉

〈俺たちに明日はない〉／〈突然炎のごとく ジュールとジム〉

〈天才マックスの世界〉／〈卒業〉

WEEKEND ACTIVITIES IN THE COUNTRY...

郊外での週末の過ごし方

セカンドハウス、明け方まで続ける、遠くからお越しのお客さまがいる……。それらはすべて週末にパーティーを開くきっかけになります。当日何をして楽しむのかは、前もって決めておきましょう。でも、そのときひらめいた素敵なアイデアを実行に移せる時間の余裕を残しておくのも忘れずに。

テニスの試合鑑戦

つとめてリラックス

古書店に出かけて本棚をいっぱいに

夜明けに起きてビーチに出かけましょう
—— 新聞とコーヒー、大きな毛布を持って

庭の草むしりやポーチの掃除、プールの清掃を楽しんで

昔の名作を読み返して

夕暮れどきのカヌー

たき火

そして、戸外にはあなたが出てくるのを心待ちにしている蚊がいることをお忘れなく —— 虫除け対策はしっかりと

日曜日には、近くの消防署で催されるパンケーキ・ブレックファースト（註：資金集めのためのチャリティー・ブレックファースト）に出かけてみましょう

防汚加工を施した服を着て、イチゴ摘みへ

朝食にはルビー色のグレープフルーツを
バージン・シー・ブリーズとともに

食卓に野の花を

SECTION THREE

An Alphabet of Special Events

特別なイベントのおもてなし

アニバーサリー・ギフト ・ アフターパーティー・パーティー

バーベキュー ・ 誕生日 ・ ブランチ（＆ランチ）

送別会 ・ 祝祭日 ・ 引っ越し祝い

ピクニック ・ ベビーシャワー＆ブライダルシャワー ・ テールゲートパーティー ・ お茶会

テーマパーティー ・ 思い立ったときにパーティーを! ・ 結婚式

ANNIVERSARY GIFTS

アニバーサリー・ギフト

「もちろん、アンディも私も、結婚記念日を特別な日だと思っています。でも、実は私たちは、初めてデートした日と、いっしょに住みはじめた日も毎年お祝いしているんです」

「今までにもらったいちばん素敵な結婚記念日のプレゼントは、なんといっても愛犬ヘンリー。ヘンリーは結婚10周年のお祝いにアンディがくれたプレゼントなんです」

1周年（紙婚）
スリム・アーロンの写真集『ア・ワンダフル・タイム：アン・インティマット・ポートレート・オブ・ザ・グッド・ライフ』（1974年）（註：1950～60年代にハリウッドの俳優や各界の名士がバカンスを楽しむ姿を写したもの）

2周年（綿婚）
刺繍入りのキッチンタオル。「You wash（あなたが洗って）」、「I'll dry（私が拭くわ）」

3周年（革婚）
アイススケート靴の革ひもにメモを添えて。メモには2人のお気に入りの池の名前（近くでも遠くでも）といっしょにスケートに出かける日にちを記しましょう。温かいココアとスノーエンジェルが待っていますよ

4周年（リネン婚）
ターコイズ・ブルーのリネンの緑の写真立てにお気に入りの写真を飾って

5周年（木婚）
新しいヒマラヤスギでつくったシューズキーパーと夫婦で社交ダンス教室への申し込み

6周年（鉄婚）
鉄を使ったお絵かきおもちゃ「エッチ・ア・スケッチ」と、ベッドでテレビアニメを見ながらオートミールの食事をとる土曜日の朝

7周年（毛織物婚）
ウールのスタジアム・ブランケット（アイボリーに赤や黄、紺、緑の縞が入ったもの）。男性にはフットボールの試合のチケット、女性には野外劇のチケットを添えて

8周年（ブロンズ婚）
ジェームズ・クライムズの冒険小説『ザ・インクレディブル・ブロンズ・エイジ・ジャーニー』（註：これを読めば、15世紀にギリシャが今のアメリカ中北部から銅を輸入し、ブロンズに加工して繁栄したことがわかる）と、近くのギリシャ料理レストランでのディナー。ギリシャへの旅ができればもっと素敵

9周年（陶器婚）
ペルーの陶器でできたマグカップと、手に入れられる最高級のコーヒー豆1ポンド（約450g）。そして新しいコーヒーメーカーもお忘れなく

10周年（錫婚）
『オズの魔法使い』の絵本と赤いカシミアの毛布。ブリキ（錫めっき）の木こりさんとちがってハートのある2人なら、こんな温かい贈りものもできるはず

15周年（水晶婚）
ニューヨークの高級ホテル、ザ・ピエールのクリスタル（水晶）のシャンデリアの下でハイ・ティーを楽しんで

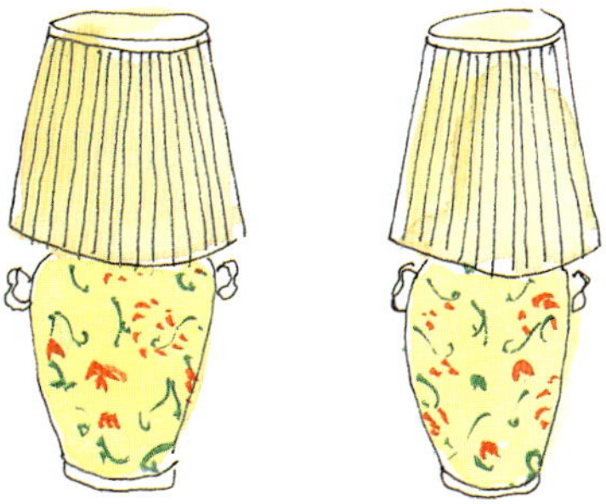

20周年（磁器婚）
カラフルで装飾性の高い磁器のランプを2つセットで

25周年（銀婚）
アメリカ陸軍では「戦闘に勲功のあった」人に、小さな銀の星が付いた銀星章が贈られます。愛するパートナーといっしょに星形のカフスボタンやペンダントを純銀でつくり、互いのイニシャルを彫り込んで贈ってみてはいかが

30周年（真珠婚）
アルバムや日記帳の表紙に、美しい文字で「pearls of wisdom（珠玉の知恵）」と型押ししてはいかが。アルバムにはたくさんの写真を貼り、数々の美しい思い出や長い歳月の間にともに学んだ幾多の心得を書き込みましょう

35周年（サンゴ婚）
街でいちばんのシーフードレストランで食事をして、素敵なサンゴ色のカシミアのセーターをプレゼント

40周年（ルビー婚）
ルビー色の芳醇な赤ワイン —— 結婚した年のものを手に入れて

45周年（サファイア婚）
シュランバーゼー（註：ティファニーのデザイナー）の代表作のひとつ、ゴールドとブルーの「パイヨーン・エナメル・ブレスレット」と、ボンベイ・サファイア・マティーニで祝う都会の夜

50周年（金婚）
ゴールドに関係するものならなんでも —— アンティークのゴールドのシグネット・リング（印章付き指輪）や、ビクトリア時代につくられた、太陽の光が放射状に伸びた形をした金色のフレームの鏡、グエルボ・ゴールド（註：メキシコ産テキーラ）、グレン・ミラーのゴールデン・オールディーズのコレクション、金色の線で縁取りしたシャンパングラス

55周年（エメラルド婚）
異国の珍しい鳥や植物を観察する熱帯地方の旅。例えばエメラルド色のハミングバードを見にキューバを訪れるのはいかが

60周年（ダイヤモンド婚）
野球のナイトゲームを観戦し、星空の下でホットドッグとビールを楽しみましょう。ポップコーンを買って、プレゼントの小箱（ダイヤモンドをあしらったもの）をその中にそっとしのばせてください

ティファニーのブレスレット「ダイヤモンド・バイ・ザ・ヤード」は、エルサ・ペレッティとハルストンが、1974年にライザ・ミネリの結婚祝いのプレゼントとしてデザインしたものです

THE AFTER-PARTY PARTY

アフターパーティー・パーティー

「ときには、パーティーが終わった後のパーティーを、メインのパーティーと同じくらい楽しみにしてしまうことがあります。パーティーが終わってもその場に残っている人たちは、居残る困ったさんではなく、その夜をずっといっしょに楽しむ同志みたいな人。そういう人たちはたいてい、日ごろからとても懇意にしている友人たちなのです。さあ、アフターパーティー・パーティーのはじまりです。アンディがピッツァを注文し、一同ゆったり腰を下ろして話に花を咲かせます」

BARBECUES

バーベキュー

「バーベキューと言えば、ハンバーガーとホットドッグが定番。でも、セカンドハウスの近くには野菜の直売所がたくさんあるので、新鮮な野菜を抱えきれないほど買い込むことも。そんなときは、まずあちこちに電話をかけて友だちを誘い、それから、遅めの昼食となる、旬の野菜のグリルを用意しはじめます。最初の料理はいつも、ヒヨコ豆のペーストを塗ったピタパンのようなシンプルなもの。少し冷やしたワインとよく合います。そしてもうひとつ。NY市内の家で都会的なパーティーを開くときには、普段ならお客さまの手を煩わせたくなどない私ですが、このパーティーでは、お客さまといっしょに野菜を切るのが、また大きな楽しみになるのです」

GRILLED SUMMER VEGETABLES

夏野菜のグリル

パプリカやナス、ズッキーニなど、いろいろな夏野菜を用意し、スライスします。ポルトベロ・マッシュルーム（註：直径10センチほどのマッシュルーム）も使うなら、そのまま丸ごとグリルするか、他の野菜と同じように、ひっくり返しやすく、網の目から火に落ちない程度の大きさにスライスするとよいでしょう。切り口にオリーブオイルを塗り、粗塩をまぶします。中火で焼き、ときどき裏返してください。冷めてもおいしくいただけます。盛りつけるときは、新鮮なハーブを添えて。

BIRTHDAYS

誕生日

「アンディの40歳の誕生日は、本当にすばらしいものでした。私たちはメキシコをテーマにしたパーティーを開き、カクテルナプキンや記念につくったマッチにまで『誕生日おめでとう、アンディ』とスペイン語で書いたのです。『ハッピーバースデー』の歌も、もちろんスペイン語で歌いました。あまり上手には歌えなかったのですけれど。ゆったりとくつろぎたいと心から思ったとき、私たち夫婦はメキシコの旅に出かけます。そこで、色鮮やかな刺繍を施したテーブルクロスやナプキンをたくさん買ったことがありました。どれも手ごろな値段で、素朴で好ましいデザインのものばかり。そのとき購入したリネンをすべて使ってテーブルコーディネートもメキシコ風で完成させました。（食料品店で79セントで売っているストライプのロウソクもいっぱい立てたんですよ —— 誕生日のケーキのキャンドルには、やっぱりこれがいちばんですね）。友だちのエレーニは彼女らしいしゃれたプレゼントを用意してくれました。お手製の絶品「チキンの薄皮パイ包み」を40個。それはアンディの大好物だったので、エレーニは、あらかじめ10個ほど別にして大きなリボンをかけてカードを添え、我が家の冷凍庫に入れておいてくれたのです……何も知らなかったアンディはビックリしていましたが、そのあとしみじみと感動していました。それからというもの、エレーニはときどき我が家の冷凍庫にパイ包みをストックしておいてくれるようになりました」

BIRTHSTONES AND FLOWERS 誕生石と誕生月のお花

JANUARY	ガーネット	カーネーション
FEBRUARY	アメジスト	スミレ
MARCH	アクアマリン	ラッパスイセン
APRIL	ダイヤモンド	スイートピー
MAY	エメラルド	スズラン
JUNE	パール	バラ
JULY	ルビー	ヒエンソウ
AUGUST	ペリドット	グラジオラス
SEPTEMBER	サファイア	アスター
OCTOBER	オパール	キンセンカ
NOVEMBER	トパーズ	キク
DECEMBER	ターコイズ	スイセン

絵本作家ドクター・スースーとビートニクの小説家ジャック・ケルアックはともに魚座生まれです

BRUNCHES (AND LUNCHES)

ブランチ（&ランチ）

「日曜日は遅めに起きてのんびりすることにしているので、NY市内の家で過ごすときは、ブランチはつくらずに外に食べにいくことにしています。この習慣は、友だちが泊まりにきたときには特に好評なんです。我が家のブランチは、小さな遠足ではじまります。ときにはグッゲンハイム美術館に立ち寄ることも……。そのあとで、お気に入りのホテル、ザ・カーライルに足を運び、すばらしいミモザやブラッディ・マリーなどのカクテルでのどを潤しながら食事を楽しむのです。カフェやレストランを選ぶときには、店の雰囲気や演出を料理と同じくらい重視しています。市内にいるときは特にそう。美しい銀食器やリネンを用いたとびきり洗練されたテーブルセッティングが好みです。でも、海辺に滞在しているときは、好みは正反対に。とにかくシンプルで、素朴なものがよく、凝った工夫など一切無用となります。では旅先ではどうかというと、旅行ほどぜいたくが許され、自分をのびやかにできるものはありません。ですから朝食はできるだけ遅く……ルームサービスでブランチをオーダーできる時間までずらします。このうえなくぜいたくなひとときです」

FAREWELL DINNERS

送別会

「送別会は、送られる人のために開くもの。はじまりのシャンパン（予算の許す限り）から、おしまいのデザートまで、すべてがその人の好みに添うように心を配ります。また、特別なディナーを催すときは、何か気のきいたおみやげを用意したいと思っています。送別会では、小さなメニューカードを用意し、裏面にその人の新しい住所を記してそれぞれのお皿の前に飾るようにしています。餞別の品としては、センスのいいアドレス帳を購入し、出席者全員の名前と住所を書き込んでおきます。そうすると思い出の品にもなりますし、新居で役立ててもらえると思うのです」

SEND-OFF SUPPER

送別会のメニュー

アーティチョークの詰めもの

アンガス牛のステーキ

ポテトの重ね焼きグラタン

ブロッコレット（註：ブロッコリーの一種）のソテー ガーリックとレモンの風味

ジンジャーブレッド入りスフレ

HOLIDAYS

祝祭日

祝祭日とおもてなし、どちらが先なのでしょうね？　祝祭日はすべてが ―― そして、誰もが ―― いつもより少しおめかしして華やいでいるように感じます。家族や親しい友人とともに楽しく過ごしてください。

NEW YEAR'S DAY　元日

「元日は家の中で過ごしがちなものですが、朝寝坊を楽しんだ後は、たくさん着込んで公園を散策することにしています。身が引き締まるように寒い晴れの日は特に気持ちがよいものです。でも、まずはニュー・イヤーズ・デー・チリコンカンのおなべを火にかけます。このチリコンカンはアンディが『blinner（ブリナー）』と呼んでいるもの ―― ブレックファーストとランチとディナーをいっしょにしたもの ―― で、シャンパンを飲み明かした翌日にぴったりのメニューです。それにゼロから自分でつくらなきゃと気に病む必要もありません。忙しいときには、おいしいチリコンカンを用意しているレストランやケータリング会社から購入しておけばよいのですから。塩味のクラッカーはお忘れなく」

VALENTINE'S DAY　バレンタインデー

「特別な誰かと過ごすのも素敵だけれど、友だちに囲まれて過ごすバレンタインも大いに楽しいものです。例えば、友だちに、それぞれお気に入りの有名なカップル ―― キャサリン・ヘプバーンとスペンサー・トレイシー、フレッド・アステアとジンジャー・ロジャース、〈俺たちに明日はない〉のボニーとクライド、ポパイとオリーブ ―― になりきって出席してもらう『お気に入りのカップル・パーティー』を開いてみるのはいかが？　エレーニはかわいらしいハート形のブラウニーをつくって、ラズベリー・ソルベとともに盛りつけてくれます。私はそのデザートに合わせてフルート型のシャンパングラスにプロセッコ（註：イタリアの発泡性ワイン）を注ぎ、ラズベリーを飾ってお出しします」

ST. PATRICK'S DAY　聖パトリックの日

「友人たちが私のことをアイルランド人だとからかうので、ときどき私は降参して、聖パトリックの日（註：アイルランドの守護聖人の日。3月17日）に親しい友だちを呼んでディナーパーティーを開いています。つい最近も、アイルランド国民が国の色である緑の服をまとってこの日を祝うことにちなんで、すべて緑色の料理を用意してパーティーを開きました。絹さやの若葉を飾ったエンドウ豆の冷製ポタージュ、クルミ入りバジルソースで和えたホウレンソウのパスタ、美しく盛った抹茶のアイスクリームに薄いピスタチオのビスコッティを添えたデザート。発想自体は少し奇抜ですが、やりすぎて、緑色のビールや濃い黄緑のカップケーキを用意することのないよう頑張りました（でも、濃い黄緑のカップケーキも、美しい磁器のデザート皿に盛りつけてポートワインとともにお出しすれば、案外おもしろいかもしれませんね）」

EASTER　イースター

「この前のイースターは友だちのパメラとともに祝いました。彼女はテーブルにシンプルだけれどとても楽しいアクセントを添えてくれました。子どもたちがイースターエッグをつくって遊んでいる間、パメラはゆで卵にロウソクでお客さまの名前を書きました。それを美しい色（ピンクやグリーン、イエロー、パープル）のイースターエッグの染料にひたして、白く名前を浮き上がらせ、席札の代わりにそれぞれのグラスのそばに置いたのです。子どもたちはもちろん、そのゆで卵を喜んで食べていましたが、私はなんだかもったいなくて、私たち夫婦の分は冷蔵庫の卵入れにとっておきました。我が家ではイースターのお祝いにあれこれと準備することはあまりないのですが、アンディはキャンディーやお菓子を詰めた小さなバスケットを隠すのが大好きなようです」

MOTHER'S DAY　母の日

「ありきたりかもしれないけれど、母の日のプレゼントは、花と心の込もったメッセージがいちばんです。でも、どんな花でもよいというわけではありません。ゆっくりと時間をかけて、お母さんの好きな花や好みの色を思い出してください。（アジサイの花が好き？　では大きくて見事なアジサイの花を1ダース用いた花束を贈ってください。少し黄色がかったピンク？　それなら、さまざまな色合いのオレンジやピンクの花を組み合わせて花束をつくってもらいましょう）。そして、理想のプレゼントを探すために何時間も街をさまよい歩くよりも、花に添える真心の込もったメッセージを書くほうが大切だということを忘れないで。もちろん、贈りたいプレゼントがあるなら、ぜひそうしてください。きっと喜んでもらえますよ」

MEMORIAL DAY
メモリアルデー

「メモリアルデー（戦没将兵記念日。5月最後の月曜日）はバーベキューをしたりピクニックをしたり、夏の楽しみのはじまりとされている日です。『毎年、メモリアルデーにふさわしいバーベキュー・パーティーを開きましょう』と言いたいところですが、実は私たち夫婦は、その2日前の土曜日に、友だちを招いてディナーパーティーを開いています（こうすると連休を有意義に使えますし、月曜のお昼のバーベキューのために買い物に走り回らずにすみますから）。メニューはメモリアルデーの雰囲気を取り入れたものにしています。昔ながらのハンバーグステーキ（中にブルーチーズを入れると最高！）を網の上で焼き、上に少し甘めのピクルスと手づくりのケチャップを載せます」

FATHER'S DAY

父の日

「お父さんって、誰もがナッツ好きだと思いませんか？　カクテルパーティーでもいつもナッツを取りにいっていますよね（とはいえ、私はナッツをお出ししないのですけれど）。しかも必ずと言ってよいほど、持てるだけつかんで戻ってきます。父の日には、素朴で味のある木のボウルやバケツを購入し、殻付きのピスタチオやピーナツでいっぱいにしてプレゼントしてみてもおもしろいかもしれませんね」

FOURTH OF JULY

独立記念日

「7月4日の独立記念日には、必ずパレードを見ることにしています。ラッキーなことにロングアイランドの自宅のすぐそばを地元のパレードが通るのです。これは、はるか昔からずっと続いているような気がするイベントのひとつ。これからもずっと続いていくことでしょう。他に、この日私たちが恒例としているのが、戸外で夏らしいパーティーを開くこと。昨年アンディは飲みものを冷やすふつうのアイスボックスの代わりに、赤と青に塗られた大きなブリキのバケツを買ってきました。そのバケツに友だちが、白いペンキで星を描いてくれたんです。私たちは氷を入れて飲みものを冷やし、この日のパーティーを楽しみました」

LABOR DAY

労働者の日

「夏の終わりの労働者の日に、私がバーベキュー・パーティーを開かなくていいのは、ひとえに友だちのエリスと夫アンディのおかげ。2人がすばらしいパーティーを開いてくれるのです。私はおもてなしする側でなく、お客さまとして参加するときは、何かパーティーに役立つものをおみやげに持っていくようにしています。昨年のメニューはバーベキューチキンだったので、私は、脂のついた手を拭くのに便利な薄手のタオルを1ダース、カラフルなリボンをかけて持っていきました。地味に思えるかもしれないけれど、皆にとても喜ばれたんですよ。デイジーの花束を添えたので、ちょっとおしゃれなプレゼントになりました！」

THANKSGIVING
感謝祭

「感謝祭のディナーは年中行事の中でも、もっとも美しく心温まるものです。私は何よりも、家族や友だちと過ごすことを大切にしています。でもその次に大切にしているのは、実は『色』なんです。詰めものをした七面鳥の丸焼きやマッシュポテト、グレービーソースなど感謝祭の定番の料理が上手につくれるようになったら、次はテーブルコーディネートを楽しんでください。茶色やピンク、オレンジ、赤はもともと豪華な色ですから、上手に組み合わせればこれ以上ないくらいぜいたくで温かみのあるコーディネートができます。例えば、ピンクのナプキンを美しい茶色と白を配したお皿ととっておきの純銀のカトラリーに合わせれば、とても素敵です。もし近くの花屋で真っ赤に紅葉したカエデの葉を手に入れられるなら、光沢のある銀色のペンでお客さまの名前を書いて席札にするのもよいアイデアです」

CHRISTMAS
クリスマス

「クリスマスシーズンは心躍る大好きな季節です。この時期に私がお気に入りの習慣としているのが、昔ながらのクリスマスツリーを飾ること。今まででいちばん心に残っているのは、アンティークのガラス玉（色は青と白と銀だけ）と鳥のオーナメントを飾ったツリーです。鳥のオーナメントは、メキシコの陶器でつくったシンプルな鳩からドイツのアンティークのウズラまで、本当にさまざまな種類のものを飾りました。このちょっと変わったツリーの飾りを探して蚤の市やアンティークショップをのぞいて回ったのもまた、心に残る楽しい思い出です」

NEW HOME
引っ越し祝い

「お祝いのプレゼントは考えはじめるときりがありませんが、余分なものを贈って迷惑がられるようなことだけはしたくないですよね。そう考えると、新居に初めの2、3日分の食事を送り届けるのは親切で気のきいたプレゼントではないでしょうか。朝になって、コーヒーメーカーを荷造りの箱の中から探し回るよりも、入れ立てのコーヒーとクロワッサンが届いたらどんなに素敵でしょう。でも何か形に残るものも贈りたいので、自分のお気に入りのプレゼントである大きくてふわふわの枕（いつでも誰でも使えますよね）や刺繍入りのタオルなどもいっしょに贈るようにしています」

PICNICS ピクニック

「ピクニックというと、とても楽しそうに聞こえるけれど、でも、虫や暑さに悩まされたり、地面がきれいかどうか心配したり、あまりうれしいとは思えないことも。ですから私は、準備万端に調えて、もう少しおしゃれなものにして楽しむようにしています。軽い毛布やクッションを持っていき、寝転んで空を眺めてまどろんで、ぜいたくな気分を味わいます。お皿も陶器や磁器のものを使いたいので、割れないように大きな布ナプキンに包んで持っていきます。これは他にもいろいろと役立ちます。そして、それらを持ち運ぶバッグには、青物市でよく売られている手ごろな値段のものを使います。大きくて色鮮やかで、持っていきたいものをすべて入れられるので、とても重宝するのです。見つけたときには必ず買うようにしています」

SHOWERS ベビーシャワー＆ブライダルシャワー

「どんなテーマのパーティーも好きな私ですが、結婚する友だちを祝うブライダルシャワーや、赤ちゃんの生まれる友だちにベビー用品を贈ってお祝いするベビーシャワーはやはり特別。ベビーシャワーでは、料理はすべて小さめなものに。ゆで卵を半分に切って黄身だけ取り出して味付けし、白身の器に盛りつけたデビルド・エッグや、小さなホットドッグ、かわいらしい砂糖衣の飾りをあしらったシュガークッキーなど。ブライダルシャワーは、いつもより一層テーブルコーディネートにこだわります。テーブルクロスは白地にターコイズ・ブルーの波形テープで縁取りしたものを用い、ナプキンは逆に、ターコイズ・ブルーのコットンに白い波形テープで縁取りしたものを使います。飲みもののグラスは華やかな色のものを選び、カトラリーもいちばん上等の純銀のものを使います。花はすべて真っ白で香りのよいもの —— シャクヤクやチュベローズを小さなガラスの鉢に飾って、テーブルの端から端まで等間隔に並べます」

TAILGATE テールゲートパーティー

「テールゲートパーティーをするとき、すべてのものをアンティークの古い籐の入れ物に入れて持っていくようにしています。そうすると、1950〜60年代のレトロでかっこいいピックアップトラックを思わせる雰囲気になるんです。味わいのある籐の大きなバスケットに、籐の柄のカトラリー、籐製のカップホルダーに入ったグラス、真っ白な磁器のお皿 —— そして、ホールチャイナ社の磁器のような昔懐かしい食器類。温もりある、古きよきテールゲートパーティーを彷彿とさせます。ときには天気に合わせて、ブラッディ・マリーやホットコーヒーを魔法瓶に入れて持っていくことも。でも、私がテールゲート好きなのにはもうひとつ理由があって、舗装された駐車場では、虫に煩わされずにピクニックが楽しめるからなんです」

※註：テールゲートパーティーとは、フットボールなどのスポーツ観戦に行くときに、試合開始の数時間前にスタジアムの駐車場へ乗りつけ、バーベキューなどを楽しみながら仲間と試合までの時間を過ごすパーティーのこと。テールゲートとは、ピックアップトラックやステーションワゴンの後部の荷台を指す

1932年にシュールレアリストたちがムーラン・ド・ソレイユで開いたピクニックでは、ロブスターが振る舞われ、映画の撮影が行われました

TEA — THÈ — TÉ — CHA — CHAI

お茶会

「考えようによっては、お茶会はカクテルパーティーや少人数で楽しむ洗練されたディナーパーティーよりも、ずっとぜいたくなものです。だって、それだけ優雅な時間があるということですから。もし私がお茶会を開くとしたら —— いつか必ず開きたいと思っているのですが —— そのときは、存分に凝った素敵なものにするつもりです。お皿もグラスもすべて好みのもので揃え、花もいたるところに飾ります」

お茶会ほどエレガントな少人数のパーティーはありません。優雅の極みといってもよいでしょう

街でいちばんのホテルでお母さんと待ち合わせ。そして、磁器のティーカップで紅茶を楽しみ、小さくて優美なペストリーをいただきましょう。

紅茶は自宅でいただくのがいちばん優雅で素敵です。夏にはお客さまを招待してパティオでハイ・ティーを楽しむのはいかが? 家でもっとも美しいボーンチャイナのティーカップと布ナプキンに、小さなサンドイッチを数種類用意しましょう。キュウリとディル、ゆで卵とキャビア、シェーブルチーズとノジシャ（サラダ菜）などのサンドイッチがおすすめです。前日に「お茶の入れ方」を練習しておくこともお忘れなく。

1年かけて試して、世界中からあなたのお茶会にぴったりなお茶菓子を探してください —— マドレーヌやクロテッドクリーム、スコーン、和菓子、ビスケット、生クリーム、ラズベリージャム、パルミエ、ラベンダーとレモンのクッキーなど、候補はいろいろあります。

お茶会をさらに素敵なものにするために、コネティカット州ソールズベリーにある紅茶の世界における名デザイナー、ハーニー・アンド・サンズ（Harney&Sons）のレモンバーベナティーはいかが?　それとも、チャイティーを選んではるかインドに思いをはせるのもよいかもしれません。チャイは、ミルクと水を温めたものにチャイ用にブレンドした茶葉を入れてかき混ぜ、サトウキビでできたデメララシュガーを入れて4分ほど加熱してつくります。心の中まで温まります。

A WORD ABOUT TEA: ITS HISTORY, CUSTOMS, PARAPHERNALIA, AND OTHER TRIVIA

お茶にまつわるエトセトラ:お茶の歴史、慣習、道具、ちょっとした小話など

アフタヌーンティーは、19世紀初め、7代目ベッドフォード公爵夫人アンナが友だちを招いて紅茶とお菓子を振る舞ったのをきっかけに広まりました。私たちと同じで、公爵夫人も昼食と夕食の間の空腹を満たす方法を探していたのですね。

今や珍しくない**ティーバッグ**ですが、実は登場してからまだ100年も経っていないのです。その起源はニューヨーク市内の商人が紅茶を入れるときに使った絹の小袋だと言われており、第一次大戦後の好景気「狂乱の20年代」にまたたく間に広がりました。別名「ティーバッグの10年」とも呼ばれているそうです。

道具の中でもひときわ優雅なものとして、**茶葉入れ**を挙げる人は多いでしょう。ヨーロッパの人たちは、大切な茶葉を保存するために、銀やクリスタル、陶磁器、木などさまざまな素材で美しい茶葉入れをつくりました。茶さじもまた然りです。茶葉をすくう部分がホタテ貝の形をしたものがあります（これはその昔、中国の人々が本物のホタテ貝の貝殻を使って、茶箱にお茶を詰めたことに由来しているそうです。お客さまが自由に茶葉をすくって匂いをかげるように使っていたのだとか）。その他にも、木の葉やどんぐり、鮭、アザミ、スコップ、騎士帽、手、ワシの羽などの伝統的なモチーフがあります。

「紅茶に入れるお砂糖は**デメララシュガー**に限る」と考えている人もいます。南米ガイアナ国のデメララ地域のサトウキビからつくられた粒子の粗いこの砂糖は、紅茶にとてもよく合います。また、ミルクティーにするには、牛乳からつくった二次製品ではなく、牛乳そのものを使いましょう。代わりに生クリームを入れると、いっそうおいしくいただけます。

私の好きな**世界のお茶**……中国：珠茶（チューチャー）、千日紅の工芸茶、緑牡丹茶。日本：煎茶の一番茶、ほうじ茶、玉露。インド：ダージリン、アッサム、ニルギリ。ロシア：アナスタシア、プリンス・ウラディーミル、ロシアン・キャラバン。イギリス：アールグレイ、イングリッシュ・ブレックファスト、クイーン・アン、ロイヤルブレンド。そしてアメリカ：サウスカロライナのチャールストン近郊で栽培されるアメリカン・クラシック・ティー。1987年からホワイトハウスの紅茶として使用されています。

PEACH BASIL ICED TEA
ピーチ・バジル・アイスティー

ティーバッグ　3袋 —— オレンジペコもしくはマイルドな紅茶ならなんでも

バジルの葉　カップ1杯分

冷やしたピーチネクター　720㎖

シロップ　60㎖

桃の薄切りとバジル（飾り用）

950㎖の湯を沸かしてティーバッグとバジルを入れ、そのまま5分ひたしてください。5分経ったら、それらをこして耐熱性のピッチャーに移し、粗熱を取った後、ふたをして冷蔵庫で1時間冷やします。冷えたらピーチネクターとシロップを入れます。分量は好みで調節して。背の高い透明のグラスに注ぎ、スライスした桃とバジルを飾ります。この分量で6人分用意できます。

シロップの作り方：鍋に水300㎖と砂糖190gを入れ、沸騰するまで加熱してかき混ぜます。砂糖が完全に溶けたら火からおろして冷ましてください。（約2週間保存できます）

SUN TEA　サン・ティー

ティーバッグ　6袋 —— コンスタント・コメント（註：オレンジとシナモンのフレーバーティー）

薄くスライスしたオレンジ、レモン、イチゴ

ミント（飾り用）

美しいピッチャーにティーバッグと1440㎖の水を入れ、日当たりのよい場所に4時間ほど置いておきます。好みでシロップを加えてもOKです。グラスに注ぐ直前に、スライスしたオレンジやレモン、イチゴを浮かべてかき混ぜるだけ。氷を入れた背の高いグラスに注ぎ、ミントを飾ればできあがりです。

THEME PARTIES

テーマパーティー

どんなイベントでも「テーマパーティー」にならないものはありません —— すべてはあなたのアプローチの仕方次第です。

アカデミー賞授賞式の夜 —— 得点表をつくって賭けをしましょう。テレビのボリュームを上げるのもお忘れなく。もちろん審査するのは映画ではありません。女優さんのコスチュームとジュエリーです!

夏至の日 —— 屋根の上で過ごしたり、近くの公園に出かけたり。裏庭でのんびりするのもよいでしょう。でも、それは必ず友だちといっしょに。そしてシー・ブリーズで乾杯をして1年でいちばん昼の長い日をお祝いしましょう。集まった友だちのひとりに、ホイットマンの詩「ぼく自身の歌」を朗読してもらうと素敵です。

すべてジャンクフード —— 「あるとき、アンディのお母さんは、ジャンクフードが不当に非難されているのを不憫に思い、すべてジャンクフードでおもてなしするジャンクフード・パーティーを開くことを思いついたそう。テーブルの上に並んだのはすべて包装してある食べもの。小さな袋に入ったコーンチップスや『チーズドゥードルズ』、真空パック入りのビーフチップやハム、ひとり分ずつ個別包装されたマヨネーズにケチャップにマスタード、1枚1枚ラップされたアメリカンスライスチーズ、『トウィンキーズ(註:ホイップクリームの入ったカップケーキ)』に『ホステス・カップケーキ(註:チョコレートのかかったココアカップケーキ)』、その他、たくさんのチョコレートバー。取り皿もコップもフォークもすべてプラスチック製のものにして、大皿にはタッパーウエアを使ったそうです。これって最高に愉快なパーティーだと思いません?」

月ごとの映画鑑賞会 —— 映画〈ある愛の詩〉を観ながら、学生風の食事をして思いっきりアメリカンな夜を楽しんでください。メニューはマカロニ・アンド・チーズにポークチョップ、ローリングロック・ビール。ポテトチップとティッシュの箱もお忘れなく。

チョコレート三昧 —— カロリーのことは忘れて好きなだけ堪能しましょう。友だちを招いて世界のカカオ豆をテーマにデザートパーティーを開きます。メニューはホットチョコレートスフレにティラミス、パン・オ・ショコラ、ホステス・カップケーキ、チョコレート・リコリス、チョコレートでコーティングしたイチゴ、チョコレート・ネッコ・ウエハース、チョコレート・モルト・ボール（註：麦芽パフをチョコレートでコーティングしたお菓子）、チョコレートムース、ダブルのチョコレートアイスクリーム。すべてピンクのお皿でお出しし、生クリームをこんもりと盛ったボウルも添えましょう。明くる日は汚れたナプキンの洗濯に大忙しなことを覚悟して……。

エルミタージュ美術館（サンクトペテルブルク）を訪ねたあなたの旅行写真をスライドショーで —— ウオッカと、キャビアを載せたブリンツ（註：チーズを薄いパンケーキに包んで焼いた、クレープのようなユダヤ料理）を振る舞ってお客さまを魅了してください。皆、少なくともスライドショーが2回転するまで、よい気分で楽しんでくれますよ。

旧正月 —— お客さまには赤い色の服を着て出席してもらいましょう。赤は中国では幸運をもたらす縁起のよい色とされているんです。あなたも赤い色の服を着て、赤い色の席札やメニューを用意してください。パーティーの記念に持って帰ってもらうおみやげには、月や日ごとの干支（子、丑、寅、卯、辰、巳、午、未、申、酉、戌、亥）の入った太陰暦のカレンダーを用意すると喜ばれます。その他、中華料理店にフォーチュンクッキーを特注して、おみくじや格言の代わりに、あなたの好きな本や映画やショップについて、名前とひと言感想などを書いた紙を中に入れたクッキーをつくってもらっても楽しいでしょう。

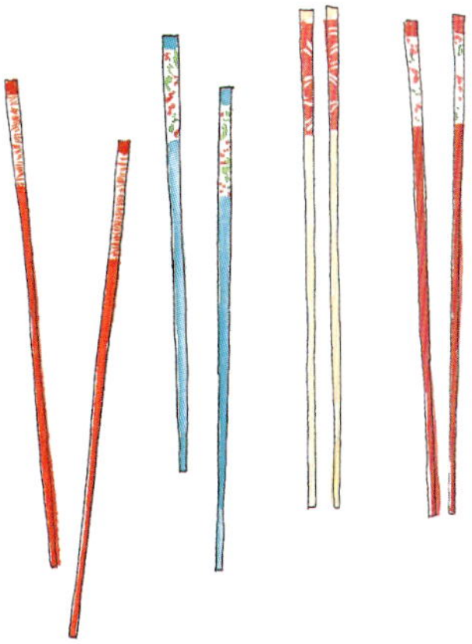

THE UN-OCCASION

思い立ったときにパーティーを!

「友だちに『ちょっと寄って飲んでいかない?』と誘うことからはじまって、結局徹夜で飲み明かして終わるパーティーを、私たちは長年の間に数え切れないほど開いてきました。どんな出来事でも『思い立ったときのパーティー』にならないものはないのですが、やはりこの手のものは、アイデアが湧き、開きたいと思ったときに間髪入れずに開くのがいちばんのようです。アンディが初めてこの『思い立ったときのパーティー』に出会ったのは、彼がまだリトルリーグにいた幼いころ。初めてバットにボールが当たったお祝いにお母さんが開いてくれたのです(そのボールがヒットではなくファールになり、捕られてアウトになったことは、この際気にしません)。お母さんはチーム全員に家に遊びにくるように誘うと、試合終了後、大急ぎで帰宅し、子どもたちにサンドイッチとクリームソーダと『トウィンキーズ』を振る舞ったのです」

BEING PREPARED FOR THE UN-OCCASION...

「思い立ったときのパーティー」に向けて用意しておくこと

「気に入ったカクテルナプキンを見つけたら、いつか使うときのために購入しておきましょう。無地でも、テーマのある柄の入ったものでも素敵です。ちなみに、私は野生の動物のかわいい刺繍入りのものを集めています」

「カクテルピンとマドラーを『パーティー用品』専用の引き出しにしまっておきましょう。友だちとディナーに出かける前にちょっと寄ってもらってカクテルをお出しするようなときに重宝します」

「日ごろからいろいろなジャンルの音楽を揃えておくとよいでしょう。友だちがひとりか2人、急におしゃべりにくることになって、メキシコ料理の宅配を頼むときも、BGMがサルサだと、ぐっと素敵なパーティーになります」

「近所のレストランをチェックしておきましょう。日ごろから料理や営業時間をリサーチしておけば、6時半に注文すれば8時に料理が届く心強い味方を手に入れることに。気が向いたときにすぐにパーティーを開けるようにしておくには、そういうお店を知っていることがとても大切です」

「花は必需品です。たとえ近くの食料品店で購入したものであっても、花瓶に丁寧に生け、その中からつぼみをひとつ取ってバスルームに飾りましょう。それだけで充分、素敵な雰囲気が生まれます」

「外に出るよりも家にいたいとき —— エレーニとランダルが我が家に立ち寄ったある夜のこと。もう皆疲れて外に食事には行けなかったので、ピッツァを注文することにしました。ここまではよくある話ですよね。でも私たちは、届いたピッツァに飾りつけをしたのです。小さな四角形に切り分け、一つひとつにカラフルなようじをさしました。そして、私は手づくり風のナプキンを用意し、アンディはキャンティを開けました。これぞまさに、思い立ったときのパーティーの醍醐味です」

WEDDING

結婚式

「何かイベントを催すとき、伝統を重んじる私ですが、結婚式に関してはなぜかしきたりへのこだわりがありません。少なくとも自分のときにはそうでした。これまで、私はダイヤモンドの指輪はおろか、結婚指輪さえつけたことがありません（アンティークの指輪なら大好きなのですが……）。ですから、結婚式について、もし何かアドバイスできることがあるとしたら、それは『あなたが幸せでくつろいだ気分になれる式に』ということ。自分にぴったりな相手を見つけた時点で大仕事は終わり。結婚式は堅苦しく考えずに、あなたの好きなようにしてください」

「たしかにケイトは結婚式のしきたりについてはとてもくだけた考えをもっています。しかし、彼女のことですから、やはり僕たちの式を特別なものにしようと張り切っていました。ブーケや飾られている花はすばらしいものでしたし、音楽も式にふさわしいもの、そしてウエディングドレスもまた、目を見張るほど美しいものでした。ケイトはキャンドル、特に小さくてシンプルなキャンドルが大好きですので、家の中の要所要所に、効果的にそれらを配置していました。階段にさえも。新婦のケイトはその階段を下りてきて、皆の前に姿を現しました。そしてそのとき、問題が起こったのです。ウエディングドレスの裾がキャンドルに引っ掛かって、ドレスに火がついたのです。あっぱれなことに、ケイトは笑い出しました。でも、その瞬間に、僕たちがそれぞれ心に描いていた結婚式の美しい夢は消え失せたと言ってもよいでしょうね」

アンディ・スペード

ラスベガスで最大の結婚式場「ビバ・ラスベガス・ウエディング・チャペル」は、エルビス・プレスリー主演の名作〈Viva Las Vegas（ラスベガス万歳）〉から名前を取ったそうです

THANK YOU

感謝を込めて

私の無謀なプロジェクトはどれもたくさんの方々の助けに支えられてきましたが、この本も決して例外ではありません。周りにいる人 —— 夫やケイト・スペードの仲間たちから、いつも申し分のないマナーを示してくれる愛犬ヘンリーまで —— 皆が私に手を貸してくれました。

クリエイティブ部門の責任者であり、私とアンディの古い友人でもあるジュリア・リーチは、本当にいっしょになってこの本をつくり上げてくれました。プレッシャーの中、どうやってあれだけのパワーと麗しさを保っていられるのかわかりませんが、彼女がいてくれて本当に助かっています。ジュリアとタンデムを組んで仕事をしているのが、この本の編者で新しい友人、ルース・ペルタソンです。彼女の熱意と専門知識のおかげで、この本を特別なものにすることができました。この2人とともに尽力してくれたのが、才能あふれるイラストレーターのヴァージニア・ジョンソン、おしゃれなセンスと能力を本書のいたるところで発揮してくれたデザイナーのアルバータ・テスタネロ、そしてこの本を構想し現実のものとしたアナ・ロジャースでした。

この会社を興すずっと前からの友人でビジネスパートナーでもあるエリース・アロンズとパメラ・ベルは、このプロジェクトを大いに支援してくれました。彼女たちの助言や自身の経験、そしてともに過ごしたパーティーの思い出は本書に結実しています。ケイト・スペード社長ロビン・マリーノの友情と励ましもそうですし、パブリシティー活動を巧みにリードしてくれたマリベス・シュミットにも感謝しています。他にも、オフィスのスーザン・アンソニー、バーバラ・コルスン、ステイシー・ヴァン・プラーグ、メグ・タウボーグ、そしてクリエイティブスタッフ全員 —— ビズ・ザスト、ローレン・ハウエル、ジェニファー・ラスク、チェリー・ベリー、ナシーム・ニアラキ、アンソニー・クームズ —— に感謝を述べたいと思います。ケイティー・パウエル・ブリックマンは快く調査に取り組んでくれました。

私の親友エレーニ・ジャノプロスは、すべてのおもてなしの機会に、いつも楽しい要素を加え、ちょっとしたシンプルなことにも、思い出に残るような工夫をしてくれます。今やパーティーと言えば、エレーニのクッキーとオードブルはなくてはならない「必需品」になってしまい、もし彼女がいなければ、おもてなしの本などとても書けなかったように思えるほどです。そしてまた、その創造性とたぐいまれなユーモア感覚で、私たちの開きたいパーティーにぴったりの料理を提供してくれるピーター・キャラハンにも、この場を借りてお礼を言いたいと思います。

本の出版は私にとって初めての経験でしたが、エージェントのアイラ・シルヴァーバーグのすばらしく賢明な対応にとても感謝しています。サイモン&シュスター社の熱意あふれるクルーにも恵まれました。同社の副社長で発行人のデーヴィッド・ローゼンタールの情熱には私たち皆が圧倒されました。また辛抱強く編集を担当してくださったアマンダ・マレー、それから、ウォルター・L・ウェインツ、マイケル・セレック、トレイシー・ゲスト、ピーター・マッカラックの皆々様、ありがとうございました。

そしてもちろん、夫のアンディ。今から10年以上前にはこのビジネスを、今度はこの本を手がける勇気をくれました。「もう本ならたくさん出ているし、私たちは読むのが好きでしょう？」と私は彼に言いました。「本当に書く側をやってみたほうがいいと思う？」その答えがここにあります。アンディの、周りの人間まで楽しくなってくるようなものの考え方やアイデアや声が、本書のいたるところに詰まっています。彼の励ましやユーモア、そして愛も。私は本当に幸せ者です。限りない感謝を込めて。

ケイト・スペード

SELECT BIBLIOGRAPHY

参考文献一覧

Bourdon, David. *Warhol*. New York: Harry N. Abrams, Inc., 1989.

Dariaux, Geneviève Antoine. *Entertaining with Elegance: A Complete Guide for Every Woman Who Wants to Be the Perfect Hostess On All Occasions*. Garden City, N.Y.: Doubleday and Company, Inc., 1965.

Editors of *Esquire* Magazine and Scotty and Ronnie Welch. *Esquire Party Book*. Illustrations by Seymour Chwast. New York: Esquire Inc., in association with Harper and Row, 1935. Reprint ed. 1965.

Ferguson, Claire. *Picnics and Portable Feasts*. San Diego, Calif.: Laurel Glen Publishing, 2001.

Gallagher, Nora. *Parlor Games*. Reading, Mass.: Addison-Wesley Publishing Co., 1979.

Gunn, Lilian M. *Table Service and Decoration*. Philadelphia: J. B. Lippincott Co., 1935.

Hepburn, Katharine. *Me: Stories of My Life*. New York: Alfred A. Knopf, 1991.
キャサリン・ヘプバーン著『Me キャサリン・ヘプバーン自伝』芝山幹郎・訳／文藝春秋（1993年）

Keith, Slim, with Annette Tapert. *Slim: Memories of a Rich and Imperfect Life*. New York: Simon & Schuster, 1990.

Krauss, Ruth. *Open House for Butterflies*. Illustrations by Maurice Sendak. New York: Harper and Row Publishers, 1960.

MacDougall, Alice Foote. *Coffee and Waffles*. Garden City, N.Y.: Doubleday, Page and Co., 1926.

Mendelson, Cheryl. *Home Comforts: The Art and Science of Keeping House*. New York: Scribner, 1999.

Post, Emily. *Etiquette: The Blue Book of Social Usage*. New York: Funk & Wagnalls Co., Publishers, 1945. Reprint 1949.

——. *The Personality of a House: The Blue Book of Home Charm*. New York: Funk & Wagnalls, 1939.

Root, Waverley. *Food: An Authoritative and Visual History and Dictionary of the Foods of the World*. New York: Simon & Schuster, 1980.

Scott, Joseph, and Donald Bain. *The World's Best Bartenders' Guide*. New York: Berkley Publishing Group and HP Books, 1998.

Vanderbilt, Amy. *Amy Vanderbilt's New Complete Book of Etiquette: The Guide to Gracious Living*. Garden City, N.Y.: Doubleday and Co., Inc., Reprint, 1967.

White, Katharine S. *Onward and Upward in the Garden*. Edited and with an introduction by E. B. White. New York: Farrar, Straus, Giroux, 1979.

Young, Carolin C. *Apples of Gold in Settings of Silver*. New York: Simon & Schuster, 2002.

LOST HORS D'OEUVRES

他にも紹介したかったオードブル

Petals 'n Pickles, Hawaiian Meatballs（ハワイアン・ミートボール）, Kleiner Liptauer（リプトアチーズ）, Hot Crab Dunk（フランスパンにカニ肉を載せたオーブン焼き）, Cheese Pennies（チーズクラッカー・ボール）, Swedish Meatballs（スウェーデン風ミートボール）, Rumaki（鶏レバーをベーコンで巻いてあぶったハワイ料理）, Nippy Carrot Nibbles（ピリ辛キャロットのおつまみ）, Gouda Burst（ゴーダチーズを使って）, Cossack's Delight, Oyster in the Patty Shell（牡蠣のパイケース）, Rye Ribbon Round, Sunburst Deviled Eggs（デビルド・エッグ）, Harlequin Dip（マヨネーズやブラックオリーブなどを用いたカレー風味のディップ）, Sausage Frills（持ち手にチャップ花を巻いたソーセージ）, Cheese Dainties（チーズクッキー）, Fish Quickies, Six-in-One Cocktail Hash（6種類のカクテル）, Confetti Chicken Spread（色とりどりのチキン・スプレッド）, Redheaded Pâté, Dipsidoodle Crab Dip.

※註：どの料理もオリジナルなので、一般的な料理名があるものについてのみかっこ書きにして併記しました

SKRUMPIES

スクランピー（ミニトマトの詰めもの）

ミニトマト1パイントカップ（470㎖）を水洗いし、へたを取って中身を軽くくり抜きます。カニ肉210gとマヨネーズ120g、青ネギの小口切り大さじ2、ウスターソース少々を混ぜて、詰めものをつくります。できあがった詰めものをミニトマトに詰めてください。この分量で8人分用意できます。

Editors: Ruth A. Peltason（ルース・A・ペルタソン）, for Bespoke Books
Julia Leach（ジュリア・リーチ）, for kate spade

Art Director: Alberta Testanero（アルバータ・テスタネロ）

Designer: Ana Rogers（アナ・ロジャース）

The author and publisher gratefully acknowledge
those writers whose works contributed to this book.

SIMON & SCHUSTER
Rockefeller Center
1230 Avenue of the Americas
New York, NY 10020

For information regarding special discounts for bulk purchases, please contact Simon & Schuster Special Sales at 1-800-456-6798 or business@simonandschuster.com

Manufactured in Italy

10 9 8 7 6 5 4 3 2 1

Library of Congress Cataloging-in-Publication Data

Spade, Kate.
Occasions : always gracious, sometimes irreverent / by Kate Spade ; edited by Ruth Peltason and Julia Leach ; illustrations by Virginia Johnson.
p. cm.
Includes bibliographical references.
1. Entertaining. 2. Cookery. I. Peltason, Ruth A. II. Leach, Julia (Julia E.) III. Title.
TX731.S675 2004
642'.4–dc22

OCCASIONS おもてなし
by Kate Spade　ケイト・スペード著
2005年7月25日　初版第1刷発行

○日本語版制作スタッフ
日本語翻訳協力　株式会社トランネット：訳者　林 祐子
日本語テキストデザイン　鈴木理佳　山口眞智子
プリントディレクター　栗原哲朗（図書印刷株式会社）
編集　小宮亜里　千葉淳子
編集協力　二見屋良樹
企画協力　ケイト・スペード事業部：柳澤綾子　鹿野和男
岡本敬子

○読者の皆さまへ
本文中、（註：——）と表記されているものは、日本語版編集時に追加した注釈です。

発行者　木谷仁哉
発行所　株式会社ブックマン社
〒101-0065　東京都千代田区西神田3-3-5
TEL 03-3237-7777　FAX 03-5226-9599
http://www.bookman.co.jp/

ISBN　4-89308-581-6
印刷・製本：図書印刷株式会社
PRINTED IN JAPAN